MW01686821

Québec 2.06.03

0748040447

DU MÊME AUTEUR

Y a-t-il un intellectuel dans la salle ? Essais, Montréal, Primeur, 1984. (Coll. « L'échiquier ».)

Surprendre les voix. Essais, Montréal, Boréal Express, 1986. (Coll. « Papiers collés ».)

Notre Rabelais, Montréal, Boréal, 1990. (Coll. « Papiers collés ».)

ANDRÉ BELLEAU

LE ROMANCIER FICTIF

Essai sur la représentation de l'écrivain dans le roman québécois

Collection Visées critiques

Éditions Nota bene

Les Éditions Nota bene remercient le Conseil des Arts du Canada,
la SODEC et le ministère du Patrimoine du Canada
pour leur soutien financier.

Uniformisation du manuscrit et correction des épreuves : Linda Fortin
Composition et infographie : Isabelle Tousignant
Conception graphique : Anne-Marie Guérineau

Distribution : SOCADIS

ISBN : 2-89518-032-6

Éditions Nota bene
1230, boul. René-Lévesque Ouest
Québec (Qc), G1S 1W2

PRÉSENTATION

André Belleau, né en 1930 et décédé prématurément en 1986, est surtout connu comme essayiste. Pilier de la première heure de la revue *Liberté* (créée en 1959), il y a fait paraître de nombreux articles qui constituent l'essentiel de ses recueils *Y a-t-il un intellectuel dans la salle ?* (1984) et *Surprendre les voix* (1986). Mais Belleau a aussi pratiqué la critique d'une façon plus systématique. Si les études réunies dans *Notre Rabelais* (1990) laissaient attendre un ouvrage d'envergure sur son auteur de prédilection (auquel il avait consacré son mémoire de maîtrise), *Le romancier fictif* (sa thèse de doctorat) reste son étude la plus élaborée. Rééditée ici pour la première fois, elle parut d'abord en 1980 aux Presses de l'Université du Québec, dans la collection « Genres et discours » que Belleau codirigeait avec son ami Marc Angenot.

Dans ses essais, Belleau, on l'a souvent remarqué, est d'une extrême concision : plusieurs de ses articles articulent en quelques pages des problématiques complexes, assorties d'hypothèses originales et d'ouvertures vers d'autres questions. Dans *Le romancier fictif*, l'écriture garde sa densité caractéristique, mais l'approche est plus méthodique : l'auteur explique en détail les tenants et aboutissants théoriques de son étude et il analyse patiemment les traits formels de son corpus. Toutefois, l'essayiste persiste. En effet, la rigueur de l'approche et le recours au « nous » n'impliquent pas que l'auteur ait choisi de laisser sa subjectivité au vestiaire. Celle-ci constitue même la pierre de touche d'une méthode qui s'élabore au fur et à mesure de l'analyse : elle fonde ce « risque critique » par lequel le sujet « accepte finalement de s'ériger en destinataire de l'œuvre, seul apte, seul autorisé à transgresser les limites et les catégories de l'école, à faire le bond de la lecture ». Balisée par le souci d'exactitude et par une érudition toujours active, la subjectivité se manifeste aussi, parfois, par une ironie qui tantôt fait sourire (par exemple, au sujet de l'humour involontaire de Jean-Marie Poirier) et tantôt inquiète (surtout en ce qui concerne la précarité de la culture dans la société québécoise).

Exemple d'une critique qui associe avec bonheur rigueur et subjectivité – qui les fait même, en quelque sorte, se relancer mutuellement –, *Le romancier fictif* se révèle aussi une contribution importante à deux secteurs particuliers des études littéraires : le roman québécois et l'approche sociocritique.

À la suite de rares études d'ensemble tels *Notre société et son roman* (1967) de Jean-Charles Falardeau et *Le roman à l'imparfait* (1976) de Gilles Marcotte, *Le romancier fictif* apparaît comme l'un des livres les plus décisifs consacrés au roman québécois. Les questions qui y sont soulevées interpellent la critique à venir autant qu'elles prolongent les travaux antérieurs. Parmi les perspectives nouvelles, outre la relecture détaillée d'œuvres négligées, figure la distinction qu'opère Belleau entre romans du code, romans de la parole et romans de l'écriture. Ces précieux points de repère, pour autant qu'on garde à l'esprit la souplesse et les nuances de Belleau, permettent de saisir le développement du roman québécois en tenant compte à la fois de ses caractéristiques formelles et des contradictions qui l'animent, permettent surtout d'établir un lien fécond entre l'œuvre littéraire et la société.

Ce point de vue sur le genre comme médiation entre texte et société est nourri des aperçus de Falardeau et de la méthode de Marcotte, mais aussi des développements de la critique structurale, et plus encore de l'exemple de Lukács et d'Auerbach. En écartant les perspectives « sociologisantes » trop souvent avalisées par la critique, selon lesquelles le roman, comme une sorte de document d'appoint, se bornerait à receler des idéologies, le critique choisit de considérer non pas « l'idéologie *dans* le texte » mais « l'idéologie *du* texte ». D'abord attentif à « l'ordre du langage et de l'écriture », Belleau soulève avec finesse les problèmes théoriques posés par le genre ou la référentialité, mais sans « jamais perdre de vue la société, contrainte et raison dernières ». De sorte que, au bout du compte, l'analyse du conflit entre roman du code et roman de la parole débouche sur la question du statut de la littérature – et, plus largement, de la culture – dans la société québécoise.

Pour Belleau, le conflit des codes social et culturel n'est pas un problème transitoire que la Révolution tranquille aurait balayé pour faire place à la modernité. Bien au contraire, comme il le souligne en conclusion par l'exemple d'un roman de Jacques Godbout, il s'agirait toujours d'une dynamique fondamentale de la littérature québécoise. Il reviendra sur ce phénomène et sur ses conséquences dans quelques essais, notamment dans « Code social et code littéraire dans le roman québécois » (1983 ; repris dans *Surprendre les voix*), où il soutient que

> l'institution n'arrive pas ici à déterminer une représentation de la fonction d'écrire qui ne soit pas profondément conflictuelle, structurée par l'opposition entre les codes, d'une part, de l'inné, de l'authenticité, de la source, de tout ce qui se donne comme anté-institutionnel, et d'autre part, ceux de l'acquis, de l'artificiel, de l'emprunté, bref de la lointaine et dangereuse culture…

Les enjeux dégagés et précisés par Belleau sont donc nombreux. Mais la valeur du présent livre tient également à son style ; à cette écriture brillante, tendue par la passion de découvrir en écrivant. Comme lecteur, mais aussi comme écrivain, fût-ce dans le cadre d'une étude qui écarte systématiquement les raccourcis et les approximations, jamais Belleau ne sous-estime la littérature. Puisqu'elle s'avère souvent, comme on le verra, pour ainsi dire plus rusée que les romanciers eux-mêmes, pourquoi le critique se priverait-il de ses ressources ? En sorte que l'occasion est belle de mieux comprendre la littérature tout en la voyant à l'œuvre, le critique affrontant ici son genre, à l'exemple des romanciers qu'il étudie.

François Dumont

INTRODUCTION

L'étude de l'écrivain comme personnage, dans le roman québécois, n'a pas encore, à notre connaissance, été abordée. Certes la question était posée. Jean-Charles Falardeau parle « [du] personnage de l'écrivain qui revient dans les romans avec une persistance égale à l'uniformité des traits sous lesquels il se présente ». Et « l'écrivain, ajoute-t-il, c'est Julien Pollender *(Fontile),* c'est Denis Boucher *(Au pied de la pente douce),* c'est Fabrice Navarin *(Mon fils pourtant heureux),* c'est Gérald Forestier du *Prix David* d'Émile-Charles Hamel[1] ». Dans un ouvrage subséquent, *Imaginaire social et littérature,* Falardeau revient sur la question en lui donnant une portée plus générale car, cette fois, il a également à l'esprit les œuvres des années soixante (Aquin, Godbout, Ducharme), dans lesquelles il reconnaît la « variante contemporaine de l'une des constantes de notre roman : le cas du héros-écrivain ». En fait, de façon globale, conclut-il, « avec une fréquence plus que normale, le héros a été écrivain[2] ».

On conviendra en effet qu'il paraît difficile d'attribuer la récurrence de ce phénomène au seul hasard. De mil neuf cent quarante jusqu'aujourd'hui, au moins quarante romans québécois comptent un personnage écrivain plus ou moins dénoté. Cela, déjà, confère quelque intérêt à notre recherche car un trait textuel aussi constant ne peut manquer de nous faire nous

1. Jean-Charles Falardeau, *Notre société et son roman,* HMH, 1972, p. 96. (1re édition, 1967).
2. *Id., Imaginaire social et littérature,* HMH, 1974, p. 47 et p. 53.

interroger sur le contexte social. À vrai dire, le seul fait pour la littérature de se représenter elle-même en redoublant l'auteur, sujet de l'énonciation, par un auteur, sujet de l'énoncé, n'est pas sans conséquence car les modalités mêmes de cette représentation, ce qu'elle souligne et ce qu'elle estompe, ce qu'elle avoue et ce qu'elle occulte, peuvent nourrir des rapports avec le statut effectif de la littérature et du langage dans la société réelle. Le personnage-écrivain, saisi dans le jeu de ses relations avec les autres couches et aspects du roman, constitue une sorte de point nodal qui est en même temps un excellent poste d'observation du texte et du contexte. À cela s'ajoute un intérêt plus proprement théorique. Du fait que nous avons ici une forme d'insistance et de mise en relief (un écrivain choisissant de dire un écrivain par les relais prescrits : auteur textuel/narrateur, le discours, la fable, etc.), certaines questions apparaissent plus vivement éclairées et sous des aspects parfois presque inédits. Elles touchent, entre autres, au statut du narrateur, au rapport entre ce dernier et l'auteur en chair et en os, aux contraintes du discours « réaliste », à la nature de l'institution littéraire. Le présent travail ne prétend pas les résoudre mais il les posera, et bien d'autres avec elles, en leurs lieux, à mesure qu'elles se présenteront.

Notre corpus s'étend en principe de mil neuf cent quarante et un (*Ils posséderont la terre* de Charbonneau) à mil neuf cent cinquante-huit (*La Bagarre* de Bessette), avec deux notables exceptions : *Les Demi-civilisés* de Jean-Charles Harvey (1934) à cause de son caractère annonciateur et sa valeur de modèle, et *La Route d'Altamont* de Gabrielle Roy (1966) qui achève très manifestement, par l'expression et le contenu, un cycle de récits de la décennie précédente. Nous nous permettons en outre quelques excursus, dans la majorité des cas assez brefs, pour certains textes des années soixante difficilement séparables, soit de la production antérieure de leurs auteurs (*Aucune créature,* 1961, et *Chronique de l'âge amer,* 1967, de R. Charbonneau ; *Prix David*[3], 1962, de Charles Hamel), soit du type de discours romanesque pratiqué avant l'avènement des formes plus contemporaines[4] (les romans de Gilbert Choquette, 1962 et 1969 ; *Un amour maladroit* de Monique Bosco, 1961). Il reste que, malgré ces flottements inévitables, la période envisagée, aussi bien dans nos intentions que, croyons-nous, dans les faits, est celle qui va *grosso modo* de mil neuf cent quarante à mil neuf cent soixante[5].

Pourquoi cette clôture de mil neuf cent soixante ? La date n'a rien de magique ou d'absolu. Elle garde toutefois une certaine valeur symbolique et constitue un repère commode si l'on songe que cette année-là, avec la parution du *Libraire* de Bessette, le roman québécois s'engage dans une voie nouvelle, préparée, annoncée certes par l'époque précédente comme nous le verrons, mais dont les aboutissants les plus significatifs (Aquin, Ducharme, Blais, Godbout, Brossard par exemple) exigeraient un second travail avec une problématique modifiée. Chez les plus notables représentants du roman québécois actuel, l'écrivain apparaît

---

3. Il s'agit d'un roman posthume.

4. Ce constat ne comporte de soi, il va sans dire, aucun jugement de valeur.

5. On ne s'étonnera pas que nous nous soyons permis, en guise de conclusion, de souligner certains prolongements dans la littérature romanesque plus récente, notamment dans *D'Amour, P.Q.* de Jacques Godbout.

moins comme un objet d'abord repérable dans la substance narrative que comme le principe et la forme constitutifs avoués du discours. En d'autres termes, si l'on y regarde de près, et c'est là que l'affirmation de Falardeau demanderait à être nuancée, l'insistance porte désormais non pas sur l'écrivain en situation dans le récit mais sur l'écrivain en situation d'écriture (fictive elle aussi assurément). La place encore plus éminente ainsi donnée à la position et aux conditions énonciatives et le rôle signalé du langage lui-même dans l'engendrement du texte (on peut prendre comme illustrations probantes *Prochain épisode* d'Aquin, *D'Amour, P.Q.* de Godbout et *Le Nez qui voque* de Ducharme) ne confèrent plus le même poids, disons le même privilège, à l'écrivain comme personnage (et à tout personnage) dans une société intratextuelle. Vivre manifestement l'écriture au lieu de faire mine d'écrire la vie, c'est sortir de ce qu'on a nommé l'ère de la représentation. Voilà pourquoi les romans les plus significatifs d'après mil neuf cent soixante impliqueraient, selon notre perspective toujours, que l'on remplaçât l'étude d'un personnage-écrivain par celle des diverses figures et modalités d'une écriture. Mais par ailleurs, décrire et analyser comme nous entendons le faire un phénomène pertinent et révélateur du roman québécois des années quarante et cinquante, c'est observer l'apparition et le rassemblement de certaines des conditions d'émergence du roman actuel.

Ce n'est qu'après une lecture de notre corpus dans son entier que nous nous sommes résolu à une segmentation qui est d'ordre à la fois diachronique et synchronique. Nous obtenons deux groupes successifs de textes. Le premier, qui déborde largement sur les années cinquante, est caractérisé, sous de multiples formes apparentes[6], par une relative incapacité à poser d'une part le personnage-écrivain comme sujet-écrivain, et de l'autre les conditions concrètes de production de la littérature. Le second groupe, qui comprend surtout des romans de la deuxième moitié de la décennie mil neuf cent cinquante, commence d'opérer, au contraire, ce que nous appellerons la « contextualisation » du personnage. Ces deux strates synchroniques comportent chacune des textes-pivots (dans la première, ceux de Gabrielle Roy et Roger Lemelin, pour la seconde, Jean Simard et Gérard Bessette) autour desquels les autres textes feront figure de satellites.

Qu'en est-il de notre méthode ? Le fait que nous avons choisi d'entrer dans le vif du sujet dès notre premier chapitre par l'examen sans préalables d'un cas patent, indiscutable (Denis Boucher et *Au pied de la pente douce*) s'avère révélateur à la fois d'une pratique et d'une conception critiques. Si nous nous étions employé à tout définir avant de commencer, nous ne serions jamais venu à bout de ce travail, peut-être même n'aurions-nous jamais commencé. On voudra bien voir dans cette attitude épistémologique – ceci dit en toute modestie – comme un rappel de la manière d'Auerbach[7] (et aussi un hommage). Il nous paraissait indispensable d'abord de « faire jouer » un cas exemplaire et, à la faveur de celui-ci, de repérer les questions qu'implique le sujet à l'étude. Certes, par la suite, ces questions ne se présenteront pas toutes à la fois pour chaque occurrence de l'écrivain-protagoniste, et même bien des questions nouvelles surgiront. C'est que

6. Que nous réduirons à deux types principaux.

7. Erich Auerbach, *Miménis* (traduit de l'allemand), Gallimard, 1968.

l'objet – ici changeant : une vingtaine de romans échelonnés sur vingt ans – déterminera au moins partiellement l'approche. La pratique critique vise en effet beaucoup plus à poser des problèmes qu'à construire des modèles. Elle opère avec des questionnements pertinents, des concepts adéquats, une bonne reconnaissance du terrain, et beaucoup, beaucoup d'oreille, non avec des modes d'emploi et des posologies. Même bricoleuse (selon le mot de Genette), elle ne se veut pas exclusivement technicienne : elle n'écarte pas la surprise, le raccourci, la trouvaille, le don, la formule, l'effet, le bonheur de son propre langage. Elle a beau dire…

On ne peut nier qu'il y ait une certaine contradiction, du moins quelque tension, entre la lecture ainsi conçue et le caractère transtextuel du personnage-écrivain, car la démarche critique, essentiellement, veut une œuvre pour elle-même, s'enferme en elle pour la ressaisir en une synthèse vivante de tous ses aspects qui intègre le plus grand nombre possible de phénomènes. Mais précisément, si nous estimons pouvoir soutenir l'unité et la continuité de notre propos et avancer même des vues typologiques et synthétiques, c'est que, compte tenu du lieu nodal occupé par le héros-écrivain, nous chercherons chaque fois à situer ce dernier dans l'œuvre envisagée comme un ensemble même si les autres aspects textuels avec lesquels nous le mettrons en rapport pourront varier selon les caractéristiques dominantes de chacun des romans. Le texte en tant qu'ensemble constituera toujours notre horizon[8]. En résumé, peut-être conviendrait-il de risquer la

8. Notre étude, centrée sur le personnage-écrivain, négligera bien des aspects essentiels de chaque texte. On ne peut parler de tout en même temps. Mais elle affirmera simultanément que le

formulation suivante : description et lecture critiques d'un phénomène transtextuel (le personnage-écrivain) nourries d'une part de façon médiate d'Auerbach, de Lukács, de Goldmann (celui du *Dieu caché*), de Bakhtine, d'Adorno, et d'autre part, plus directement, des vues de Genette, de Barthes et de plusieurs autres dans le champ de la narratologie. Nous n'appliquerons donc pas ni même n'utiliserons ce qu'on nomme une « grille ». Il nous semble qu'il ne serait pas déraisonnable de voir dans cette « description et lecture critiques » une tentative, dans certaines limites, d'analyse sociotextuelle. Car nous chercherons constamment, mais de façon souvent insuffisante et avec les « moyens du bord », à retrouver le contexte dans et par le texte, à ne jamais perdre de vue la société, contrainte et raison dernières. La société non comme un en-soi mais elle-même comme un texte. À ce sujet, il nous faut assumer l'état actuel précaire et flottant de la terminologie et parfois de la réflexion. Que d'imprécision et de confusion, pour donner un exemple, dans la seule notion de code ! Code linguistique, code littéraire, codes culturels, codes sociaux, etc. Et dans celle de discours ! Ce sont, répétons-le, « les moyens du bord ».

Tenter de parler littérairement de la littérature dans la littérature, quelle tâche curieuse à y bien penser ! Voilà le critique qui se penche par-dessus l'épaule de Narcisse et aperçoit son propre reflet parmi ceux de l'autre, fasciné par leurs dispositions et leurs métamorphoses…

---

personnage-écrivain, isolé, considéré en lui-même, sans rapport avec d'autres phénomènes textuels, ne saurait revêtir aucune signification.

* * *

Cet essai, qui cherche à lier le sens social de nos romans à des phénomènes proprement textuels de divers ordres et non simplement à leur fonction dénotative, doit beaucoup aux encouragements et aux conseils de M. Gilles Marcotte. Qu'il reçoive ici l'expression de notre gratitude.

CHAPITRE PREMIER

UN SINGULIER PERSONNAGE

Au dernier chapitre d'*Au pied de la pente douce* de Roger Lemelin, le jeune romancier Denis Boucher rend visite à son ami gravement malade, Jean Colin. Il désire lui lire les dernières pages du roman qu'il est en train d'écrire, dans lequel Jean lui-même est censé apparaître comme personnage. Or cette seconde version de la vie de Jean (doublement fictive) est l'antithèse de la première : le malade, pitoyable vaincu du récit premier, s'y trouve métamorphosé « in extremis » en celui qui triomphe, comme s'il s'agissait, pour le romancier-personnage, de rectifier le destin en réécrivant l'œuvre du romancier réel. Mais après avoir écouté en silence, le malade ne peut s'empêcher de crier : « Menteur ! menteur ! » À ces mots, Denis Boucher, bouleversé, déchire son manuscrit. Et cette scène saisissante se termine par la mort, quelques heures plus tard, de Jean Colin, « dans d'atroces souffrances » ajoute le texte, rarement avare de précisions emphatiques[1].

La fin de Jean Colin, dans les circonstances qu'on vient d'évoquer, marque à la fois l'échec de l'entreprise d'écriture chez le personnage-écrivain Denis Boucher[2] et peut-être la conscience chez Roger Lemelin des limites de la littérature dans son rapport à la vie. Il en

1. Le Cercle du livre de France, CLF poche, 1967, p. 339-340. (L'Arbre, 1944). – Les informations entre parenthèses concernent la première édition.

2. Échec qui ira grandissant dans les deux romans subséquents : *Les Plouffe* et *Pierre le magnifique.*

sera fait état plus loin. Cette scène a aussi une portée générale, car elle est révélatrice, grâce notamment à sa situation « en abyme », des questions que ne manque pas de soulever la présence dans le roman, dans tout roman, de l'écrivain comme personnage. On conviendra qu'il est souhaitable d'aborder ces questions en termes de fonctions, au sens largement entendu : la ou les fonctions de ce personnage sur divers plans[3]. La considération des caractères fonctionnels (ceux qui découlent d'une relation à un ensemble) garde des définitions absolues, des quantités fixes, des pièges de l'essence. Nous sommes dans un monde de rapports variables. Il ne devrait d'ailleurs pas s'agir par ce biais d'écarter d'emblée les préalables épistémologiques. Ces problèmes ne se font pas faute de se présenter d'eux-mêmes aux détours de toute analyse. S'ils peuvent être antécédents dans l'ordre de la théorie, il n'en va pas de même en cette pratique nommée *critique* où la construction d'un sens – bien que devant s'appuyer sur un balisage du texte comme terrain objectif – implique que l'on accepte finalement de s'ériger en destinataire de l'œuvre, seul apte, seul autorisé à transgresser les limites et les catégories de l'école, à faire le bond de la lecture, c'est-à-dire sauter de l'intratextuel (les structures d'un discours littéraire) à l'extratextuel (le sujet réel, le lecteur situé, une personnalité, telle société). Ce balisage éclairé par la théorie, les diverses configurations qu'il dessine et qui fondent le risque « critique », tout cela témoigne d'une démarche concrète principalement inductive, voire heuristique. En cher-

3. Bien entendu, il ne s'agit pas ici du sens plus spécialisé de « fonction », unité de premier niveau dans l'analyse structurale du récit.

chant à articuler le particulier de l'œuvre[4] comme *message* au général de l'œuvre comme *code*, il arrive certes à la critique de rencontrer des problèmes théoriques. Se produisent alors parfois de curieux effets de retour sur la théorie. Il va sans dire que le va-et-vient entre modèle déductif et pratique inductive est essentiel au progrès des études littéraires.

On ne commencera donc pas en se demandant au sujet de Denis Boucher : qu'est-ce que l'écriture ? qu'est-ce qu'un écrivain ? quel est, en principe, leur statut ? Tout ce que nous pouvons escompter dans *Au pied de la pente douce* et dans tous les autres textes narratifs dits romanesques, ce sont des personnages[5] signalés comme écrivains par le narrateur et plus ou moins dénotés, indexés ou même connotés comme écrivains par leurs actes ou ceux des autres personnages, ceci en proportions variables. Ils sont plus ou moins « marqués » comme écrivains : nous ignorons s'ils sont plus ou moins écrivains eu égard à

4. Nous employons indifféremment « œuvre » et « texte » afin d'éviter la répétition lassante du même mot (qui devrait être « texte », plus précis), nous autorisant en cela d'un plus rigoureux que nous, Charles Bouazis, dans *Littérarité et société, théorie d'un modèle du fonctionnement littéraire*, Mame, 1972, p. 11.

5. Le terme « actant » est plus fonctionnel car il réfère d'abord à des *rôles types* dans l'intrigue, tandis que celui de « personnage » met l'accent sur *l'acteur*, un individu, caractérisé (qui joue un rôle). Mais le « personnage » permet toutefois de mieux intégrer le niveau narrationnel : « [...] à travers le masque du héros, dit Michel Zéraffa, [...] passe une *voix* très complexe : celle, tout ensemble, d'un personnage pourvu d'un rôle (Julien Sorel) et de l'acteur (Stendhal) chargé de le jouer. En tant qu'acteur de métier, le personnage est le porte-parole d'un narrateur exprimant par une écriture les multiples aspects de sa conscience, et ceux de son statut dans une société, une civilisation, une culture » (*La Révolution romanesque*, Klincksieck, 10/18, 1972, p. 10).

un quelconque critère externe invariable. Certes, la distribution de ces « marques » aux divers niveaux et en divers points du récit n'obéit pas à un schéma uniforme. Ainsi tel sujet, très nettement et fréquemment prédiqué comme écrivain dans la diégèse, se voit l'objet de curieuses omissions[6] de la part du narrateur qui nous parle rarement de ses livres : nous ignorons presque tout de leur contenu (*Doux-amer* de Claire Martin). En revanche, tel autre, à faible définition (journaliste par exemple) ou à définition zéro, manifeste dans son journal intime ce qu'on pourrait appeler des attitudes ou un « ton » d'écrivain (Fabrice Navarin dans *Mon fils pourtant heureux* de Jean Simard ; Marcel Larocque dans *La Fin des songes* de Robert Élie). Mais comment pourrions-nous donc, en tant que lecteurs, reconnaître un « ton », des attitudes d'écrivain en l'absence d'un signalement interne et d'un critère externe ? C'est que jouent ici d'une part la fameuse illusion référentielle, fonction d'une certaine utilisation des informations narratives pour « fabriquer » un contexte dans le texte dont le rôle est comparable à celui de notre situation extratextuelle (le monde de notre expérience), et d'autre part, divers codes culturels et « attentes idéologiques[7] » traversant la lecture. Les deux impliquent l'existence d'un discours social plus ou moins « diffus » partagé par l'auteur, l'œuvre et le lecteur. La « reconnaissance » dont il s'agit se fonde sur un rapport non pas entre la fiction et la vérité mais entre la fiction et ce que notre société croit vrai.

---

6. Gérard Genette propose de nommer « paralipse » ce genre d'oubli (« Discours du récit », dans *Figures III*, Seuil, 1972, p. 211-212).

7. L'expression est d'Umberto Eco, *La Structure absente*, Mercure de France, 1972, p. 142-143.

Il se trouve que Denis Boucher est un héros d'un roman fortement mimétique que la fiction déploie comme écrivain : il est non seulement l'auteur d'un autre roman dans ce roman – procédé qui n'est pas nouveau – mais son roman à lui, telle une seconde vie miraculeusement octroyée, prétend réussir là où le premier a échoué : Jean Colin vivra, il sera heureux, il ne sera pas repoussé mais aimé par Lise Lévesque, etc. On pourra juger cette situation suffisamment saturée du point de vue d'une problématique de l'écrivain-personnage, et c'est pourquoi les questions devraient y trouver matière à illustration. Délimitons trois ordres de questions embrassant les rapports de l'écrivain « raconté » : avec l'histoire, avec la narration, avec le texte conçu comme un ensemble.

L'AGIR DU PERSONNAGE-ÉCRIVAIN

Une attente « naïve », sans doute influencée par le prestige de certains écrivains dans la société réelle, voudrait peut-être que l'écrivain-personnage détermine fortement les faits narrés, dont la succession logique (l'intrigue) saisie à travers les rapports entre les acteurs constitue proprement l'histoire du récit, ou comme on dit maintenant, sa diégèse[8]. C'est le cas, remarquons-le, de Denis Boucher. Sa seule présence, dirait-on, suffit à précipiter les événements : la mort de son frère Gaston[9], celle de Jean Colin. Mais malgré ses actes de bagarreur, de « chef[10] » de la bande – le narrateur nous

8. Gérard Genette, « Discours du récit », dans *Figures III*, p. 71-76.

9. *Au pied de la pente douce*, p. 170-177.

10. *Ibid.*, p. 17, 18, 31, 148, 167, 278.

avise « qu'il n'était pas l'homme aux hésitations[11] » –, son agir se limite principalement à des attitudes et des paroles. Elles représentent du début à la fin un des éléments dynamiques majeurs de l'histoire. On pourra penser que cela convient tout à fait à un héros-écrivain d'entraîner la diégèse par l'efficace de son seul langage et même, comme il arrive ici, de rendre la littérature concrètement agissante : « Il m'étudie peut-être comme l'héroïne ? » se demande ingénument Lise Lévesque en songeant à Denis Boucher qu'elle aime et à son roman qu'elle attend[12]. Et Jean Colin, amputé, s'avoue que « payée par Denis, sa nouvelle jambe [artificielle] serait tout un problème vu que l'argent de la littérature l'achèterait[13] ». La littérature, le livre peuvent être des « performants » diégétiques.

Mais l'exemple d'*Au pied de la pente douce* ne doit pas abuser. Il ne permet pas à lui seul de répondre à la question : un personnage, du fait qu'il est écrivain, jouit-il d'un statut particulier dans l'histoire ? Une façon d'y répondre serait de voir, sur un grand nombre de textes, si l'écrivain (acteur) appartient de préférence à telle sphère d'actions (actant), à telle catégorie fonctionnelle générale, par exemple, l'une des six classes de Greimas[14] ou l'un des cinq rôles de Bremond[15]. Ce

11. *Ibid.*, p. 246.
12. *Ibid.*, p. 244.
13. *Ibid.*, p. 323.
14. A. J. Greimas, *Sémantique structurale,* Larousse, 1966, p. 172-191.
15. Claude Bremond, *Logique du récit,* Seuil, 1973. – « Pour une œuvre donnée, affirme Philippe Hamon, l'analyse devra donc définir par quels personnages (acteurs) sont occupés les pôles actantiels »… (« Pour un statut sémiologique du personnage », *Littérature,* n° 6, mai 1972, p. 104).

problème est délicat car, à cause de l'attribut écrivain, on se trouve comme ramené malgré soi vers l'instance énonciatrice, l'auteur-narrateur, aux dépens de la structure du contenu narratif. Le roman qui met en scène un écrivain accomplit une réitération et même un dédoublement de l'auteur, de l'écriture et d'une idée de la littérature. Voici un auteur qui parle pour faire parler, écrire, agir un autre auteur. Or ce jeu de miroirs met vivement en lumière le discours du récit. Lorsque, par exemple, l'auteur « racontant » affirme au sujet de Denis Boucher en train d'écrire : « Il ignora son malheur : décrire une grande tristesse et ne réussir qu'à être pompeux[16] », il nous donne une information non événementielle qui nous renseigne sur lui-même autant que sur l'auteur raconté (c'est un jugement littéraire de sa part). On est même enclin à se demander si l'auteur racontant ne redoute pas d'écrire aussi pompeusement que l'auteur raconté et on se surprend à examiner *Au pied de la pente douce* d'un autre œil. Le personnage-écrivain, quels que soient son ou ses rôles sur le plan des événements, met en cause le récit comme discours littéraire : par lui, la littérature parle d'elle-même, le discours s'autoréfère. Il faudrait dire, pour être précis, qu'ils le font *doublement* car, en fait, tout texte littéraire se désigne lui-même (par un surplus de signifiants, des figures, etc.). Il nous déclare toujours : voyez comme je suis littéraire ! Si l'on empruntait un exemple (discutable) à la peinture, on le comparerait aux « Époux Arnolfini » de Van Eyck. Mais dans le cas qui nous occupe, ce sont les « Ménines » de Vélasquez qui viennent à l'esprit, tableau dans lequel le peintre se trouve deux fois peignant et peint.

---

16. *Au pied de la pente douce*, p. 253.

Gérard Genette a montré comment chez Proust – le héros de *La Recherche* est un écrivain – la fiction finit par être au service de l'acte narratif (non l'inverse) et l'événement subordonné au discours[17]. Dans *La Mort de Virgile* d'Hermann Broch, « roman de la communion d'un homme [l'auteur de *l'Énéide*] avec sa propre biographie comme avec le cosmos », ainsi que la définit Michel Zéraffa[18], on assiste à la dissolution des lieux, du temps et des situations de l'univers fictionnel dans le non-lieu, le non-temps et le non-agir d'un discours proliférant. Cette œuvre quasi maximale ainsi que l'*Ulysse* de Joyce (Léopold Bloom et Stephen Dedalus veulent écrire) illustrent chacune à un *double* degré la formule fameuse de Ricardou au sujet d'un roman se définissant moins comme l'écriture d'une aventure que comme l'aventure d'une écriture[19]. Cette « aventure d'une écriture » caractérise aussi, selon Françoise Van Rossum-Guyon, *La Modification* de Michel Butor dont le protagoniste, Léon Delmont, à l'instar de Marcel dans *La Recherche*, se découvre à la fin une vocation d'écrivain : est-ce un hasard s'il s'agit encore une fois d'un roman où « la narration instaure la fiction [la diégèse][20] » ? Observerait-on le même rapport inversé dans *Le Loup des steppes* de Hermann Hesse (Harry Haller, intellectuel esthète) ainsi que dans *Mort à Venise* (l'écrivain Gustav Aschenbach) et surtout *Le Docteur Faustus* (le compositeur Adrian Leverkühn) de

---

17. Dans « Discours du récit », *in op. cit.*
18. Michel Zéraffa, *Personne et personnage*, Klincksieck, 1971, p. 254.
19. Jean Ricardou, *Problèmes du nouveau roman*, Seuil, 1967, p. 111.
20. Françoise Van Rossum-Guyon, *Critique du roman*, Gallimard, 1970, p. 238.

Thomas Mann, tous notables par ce que Gérard Genette appelle « l'invasion de l'histoire par le commentaire, du roman par l'essai, du récit par son propre discours[21] » ? Marcel, Virgile, Bloom, Dedalus, Léon Delmont, Harry Haller, Gustav Aschenbach, Adrian Leverkühn, tous « écrivains » racontés, ou parfois alternativement racontant et racontés, dans des textes romanesques où le fictionnel glisse et s'estompe au profit du discursif… L'intrigue, ici, pour reprendre les termes de Claude Bremond, « n'est, à proprement parler, que le *pré-texte*[22] ».

Denis Boucher appartient un peu à cette famille, bien qu'*Au pied de la pente douce* soit un roman de facture traditionnelle. Il y est quand même constamment question de littérature : le vicaire Charton est aussi poète[23] ; les vers de terre cueillis par Jean Colin sont comparés aux vers que Lise Lévesque est censée écrire[24] ; celle-ci lit Lamartine, Chateaubriand, Georges Sand[25] ; elle partage avec Denis Boucher son enthousiasme pour l'auteur de *Graziella*[26] ; le père de Denis a écrit dans sa jeunesse[27] ; Denis est accusé d'avoir volé pour acheter des livres[28], etc., etc.

L'ensemble de ces constatations, sans être contraignant, inciterait néanmoins à une recherche davantage

21. Gérard Genette, *op. cit.*, p. 265.
22. Claude Bremond, *op. cit.*, p. 322.
23. P. 29.
24. P. 59. Curieuse archilexie dont la valeur indicielle n'est pas négligeable.
25. P. 126.
26. P. 152. Comment nier que ce « choix » de lectures renvoie à tout un contexte social ?
27. P. 156-157.
28. P. 278-282.

axée sur la narration que sur la substance narrative. Non que le monde diégétique (et la relation rôle-personnage) soient sans conséquence ! Il n'est pas indifférent que Jean Colin meure ! On verra plus loin comment chez Roger Lemelin la figuration de l'écriture passe par des couplages en équilibre : Denis Boucher-Jean Colin ; Ovide Plouffe-Denis Boucher ; Pierre Boisjoly-Denis Boucher[29]. La mort de Jean Colin, c'est, affectée d'un signe négatif, la naissance de Denis Boucher par l'écriture et, en dernière analyse, le corrélat fictionnel d'une conception de la littérature qui, elle, se retrouve d'abord au niveau de la narrativité (attitudes et choix du narrateur, « excès »[30] d'information, détails non fonctionnels, connotations discursives, figures, etc.). Comment se surprendre que la narration tire vers elle le personnage-écrivain ? Certes, le rapport entre les deux peut varier selon que l'on prend le terme *diégèse* dans un sens restreint (le pur événementiel, l'intrigue) ou plus large : telle attitude exprimée, tel objet évoqué ou telle chose décrite : un monde spécifié, individualisé[31]. Quand Lise Lévesque lit, il s'agit d'un acte, il n'y a pas d'ambiguïté ; mais Lamartine, Paul Bourget, son « choix » de lectures ? À quel palier rapporter cette information ? C'est en même temps une précision sur l'acte et un indice relatif à une éducation, une psychologie, une époque, voire une idéologie. Où sommes-nous ici ? Partout à la

---

29. Jean-Charles Falardeau remarque avec raison que Jean Colin est le double de Denis Boucher, fonction que rempliront plus tard Ovide et Pierre (*Notre société et son roman*, p. 204, p. 217-218).

30. Nommé « paralepse », par Gérard Genette, « Discours du récit », *in op. cit.*, p. 221-222.

31. Sur les frontières parfois incertaines entre diégèse et narration voir Maurice-Jean Lefebvre, *Structure du discours de la poésie et du récit*, La Baconnière, 1971, p. 118, 128-129.

fois… Cette notation traverse le texte de part en part, *qualifie* une action, *caractérise* un personnage, *questionne* le narrateur (ne faire lire que ces auteurs à Québec vers 1940 : « effet de réel » ou caricature ?), *répond* curieusement à cet échantillon d'écriture :

> Elle s'éleva, cette voix, cristalline comme une source qui apparaît au soleil. Elle se fit coquette, légère, enjouée, et puis tout à coup, violente, habile à se dégager du piano comme une eau qui se joue des pierres mousseuses… Comme le vol d'une hirondelle, la voix de Lise se fit capricieuse, haletante et douce, puis plana dans un soupir qui semblait l'écho d'un enchantement angélique[32]…

Voilà comment un signifié accessoire, émis semble-t-il dans la diégèse, rayonne à travers toutes les couches du texte et s'épanouit dans le style même du romancier. C'est la narration, en dernière instance, qui le parachève et le justifie. Le fait d'orienter le personnage-écrivain vers la narration n'exclut pas le système fictionnel : elle l'éclaire et le complète ; mais sa réduction à quelques grandes classes définies uniquement par des actes vise la généralité d'une grammaire aux dépens de ce que Jean Starobinski désigne « un mode singulier d'élocution[33] ».

Il est par ailleurs un rôle dégagé par l'analyse structurale des récits auquel on pourrait juger utile de se référer précisément parce qu'il fait appel à des modes du DIRE et se trouve par là justiciable d'une rhétorique : celui d'influenceur[34] avec ses divers actes :

32. *Au pied de la pente douce,* p. 67-68.

33. Jean Starobinski, *La Relation critique,* Gallimard, 1970, p. 84.

34. Claude Bremond, « Le rôle d'influenceur », *Communications,* n° 16, 1970, p. 60-69, et *Logique du récit,* p. 242-280.

convaincre, réfuter, séduire, conseiller, etc. Ainsi, dans *Les Plouffe,* les articles de Denis Boucher devenu journaliste et surtout les paroles qu'il prononce exercent une influence décisive sur autrui, notamment lors de la grève perdue de « l'Action chrétienne ». Que Denis Boucher, romancier, soit davantage l'homme du savoir-dire que du pouvoir-faire est clairement souligné par Joséphine Plouffe : « [...] Denis, c'est un gars qui est bon seulement à conter des histoires[35] ». Un personnage, du fait qu'il est écrivain, c'est-à-dire manipulateur du langage, aurait-il fréquemment le rôle d'influenceur ? Si oui, et à condition qu'il fasse l'objet de récits de paroles et non de récits d'événements, nous retrouverions, à cette échelle, le caractère *doublement* réflexif du roman à auteur racontant/raconté : une élocution « en abyme », une rhétorique restreinte dans la rhétorique générale du texte. Ce rôle n'entre d'ailleurs pas nécessairement en contradiction avec une certaine image diffuse de l'écrivain, héritée du dix-neuvième siècle et véhiculée par la « culture », selon laquelle on s'attendra à rencontrer dans les œuvres des auteurs souvent plus témoins que héros, plus passifs qu'actifs, bref globalement patients et non-agents.

ACTIONS ET CHOIX DISCURSIFS

La passion et la mort de Jean Colin se jouent par la littérature. Jean Colin, le pitoyable, et Denis Boucher, l'ambitieux jeune écrivain, sont des rivaux : ils aiment tous les deux Lise Lévesque. Singulière rivalité que celle

---

35. *Les Plouffe,* Cercle du livre de France, CLF poche canadien, 1968, p. 184. (Bélisle, 1948).

qui fait triompher, dans un roman comme celui-là, si « romanesque » par ailleurs, le plus fort sur le plus faible, et en l'occurrence un Rastignac de ville basse, qui se veut fort parce qu'écrivain[36], sur le prolétaire se sachant dès le début perdant[37]... « Maudit littérateur ! » s'écriera donc Jean lorsqu'il se rendra compte que Denis plaît à la jeune fille[38]. C'est la qualité d'écrivain qui est tout de suite soulignée, c'est elle qui fait ici la différence. Mais un « liseur » de romans souhaiterait peut-être qu'il y eût retournement, une de ces « surprises » se traduisant paradoxalement par un équilibre attendu : que le plus faible l'emportât à la fin sur le plus fort et, en outre, que ce fût lui, justement, le plus faible, qui se vît confier la fonction d'écrivain. Le mélange de sensibilité plus vive, de plus grande vulnérabilité, mais aussi de lucidité qui caractérise Jean Colin tel qu'il nous est donné dans le texte répond en effet aux attributs du jeune héros romanesque promis à la littérature selon un certain code littéraire et culturel[39] (souligné ici par Lamartine, Chateaubriand, George Sand, Paul Géraldy). Le fait d'écrire ne cesserait pas d'instaurer la

---

36. *Au pied de la pente douce*, p. 189 : « Non ! il était fort, il était un écrivain ! »

37. *Ibid.*, p. 115-116 : « Boucher était étudiant, il n'avait pas ce passé inquiet d'enfant ouvrier pour le tirer par en bas ».

38. *Ibid.*, p. 226.

39. Qu'on se remémore, dans le cas des héros-écrivains, quelques exemples notables : le jeune Lucien de Rubempré, le jeune Marcel de *La Recherche*, et André dans *Si le grain ne meurt*. Et pourquoi pas le jeune René lui-même ? Pour les autres, c'est Julien Sorel, fils d'ouvrier, se présentant tremblant chez Mme de Rênal ou Frédéric Moreau arrivant à Paris... D'un point de vue plus général encore, constatons comment la littérature assure la victoire de David sur Goliath, celle d'Ulysse sur le Cyclope, et comment aussi elle se garde bien de faire mourir Oliver Twist !

différence : il serait couplé à la fragilité contre la puissance. Moins porté sur le « romanesque », notre « liseur » s'attendrait à une partie nulle : le héros-écrivain, ni vainqueur ni vaincu, se verrait « problématisé » selon les termes de Lukács. Tel n'est vraiment pas le cas dans *Au pied de la pente douce* où Jean Colin meurt et où Denis Boucher resté seul, tout en voulant « se punir de ses espoirs[40] », se dit qu'« avant l'automne, il faudrait rire et chanter dans [les] bosquets avec Lise[41] ». Il ne s'agit nullement – faut-il le souligner – de disserter sur une prétendue psychologie des personnages : ceux-ci sont faits de mots et ils intéressent dans la mesure où, comme les mots, ils entrent dans des figures de relations. Un roman fonctionne par équilibres rompus et rétablis. C'est la raison pour laquelle le rapport si inégal des forces dans *Au pied de la pente douce* attire l'attention.

Or ce déséquilibre, peu importe la signification qu'on pourrait lui attribuer en dernière analyse, ne nous frappe pas nécessairement à la première lecture. La littérature, mais « en abyme » cette fois, tente en effet de neutraliser la disproportion par des mots (quelques pages du roman de Denis Boucher proposant le renversement de la situation comme si cela suffisait à changer la « réalité ») ou par des actes : Denis associant Jean à son succès littéraire escompté[42], lui prêtant une grammaire[43], des « livres d'école[44] »... Remords tardif

---

40. *Ibid.*, p. 345.
41. *Ibid.*, p. 345.
42. *Ibid.*, p. 202 : « Je suis à écrire un grand roman. Nous serons vengés, vieux ».
43. *Ibid.*, p. 190.
44. *Ibid.*, p. 166.

de l'auteur ? Cette demi-complicité ambiguë mais compensatoire (ajoutons le chagrin de Denis à la mort de Jean) a pour effet de voiler l'étonnante disparité. Rappelons encore une fois celle-ci par un trait : c'est en invoquant le « droit du plus intelligent[45] » que Denis prétend l'emporter sur Jean, fils de chômeur alcoolique et manœuvre dans une fabrique de chaussures… Mais les choix discursifs de l'auteur, en d'autres termes sa stratégie narrative, s'avèrent également solidaires, à leur niveau propre, de cette entreprise de neutralisation. Par exemple, le parti pris de focalisation nulle dans *Au pied de la pente douce* (la « vision par derrière » du narrateur omniscient) permet effectivement de contrôler l'information. Être partout à la fois dans le texte et intervenir à sa guise, c'est aussi pouvoir brouiller et diluer, çà et là, la perception de l'écart immense entre les deux protagonistes de sorte qu'il ne puisse être rapporté à PERSONNE. Imaginons un instant que cette belle histoire ait été focalisée sur Jean ou Denis. Du point de vue de Jean, la disproportion eût risqué de paraître plus grande ou en tout cas plus nette et aurait cessé d'être perçue sous les apparences d'un problème d'équilibre formel. Le lecteur aurait pu la rattacher clairement à la structure sociale. À travers Denis, c'est le personnage-écrivain lui-même qui se serait révélé odieux, et avec lui la littérature dont il est sans cesse question dans le texte. L'examen de la voix narrative confirme cette complicité du discours avec la substance du récit. L'emploi de la troisième personne met (apparemment) l'auteur hors du coup et confère en même temps aux nombreux événements une plus grande

---

45. *Ibid.*, p. 137.

présence et immédiateté[46] ; la vivacité mimétique annexe les rapports essentiels et les donne à voir en une vibration de détails « typiques ». Le tempo rapide (plusieurs scènes pour une durée brève : deux étés séparés par l'ellipse de l'hiver), l'aspect singulatif du récit, l'abondance des dialogues, la proximité de l'acte narratif eu égard à l'époque des événements, tout cela, qui n'a rien de neuf en soi, concourt ici à susciter l'illusion d'une multiplicité chaude et pressante. « Tout remue, tout grouille, tout est vivant dans le roman de Lemelin », disait Guy Sylvestre[47].

Mais comme il arrive souvent en littérature, l'excédent déguise le manque, et le plein, la fêlure. Il ne suffirait pas de noter, dans *Au pied de la petite douce,* cette singulière figure de la rivalité dont nous venons de faire état. La position curieusement identique des deux morts (Gaston et Jean) solliciterait aussi l'attention[48]. Il faudrait pouvoir rattacher l'une et l'autre à un statut de la littérature. Tandis que le personnage-écrivain devient le signe de la naïve fascination d'une certaine réussite À TOUT PRIX (et d'autant plus qu'il est écrivain), en revanche et simultanément, un discours et des procédés dont on éprouve l'efficacité agitent au premier plan *d'autres* signes : chaleur, accueil, vitalité,

46. Dans le récit prétendument « objectif » à la troisième personne, c'est comme si l'histoire se racontait d'elle-même sans l'écran d'un « je ». Si ce dernier favorise l'identification du lecteur au héros, il ne rapproche pas pour autant les événements.

47. Guy Sylvestre, « Un roman inspiré par l'expérience directe », dans *Présence de la critique,* textes choisis par Gilles Marcotte, HMH, 1966, p. 78.

48. *Au pied de la pente douce* comprend deux parties. La première se termine par la mort du frère aîné de Denis, Gaston (qui est d'ailleurs bossu), la seconde, par celle du rival de Denis, Jean Colin. Le narrateur lève les obstacles.

solidarité. La littérature ici s'autodésigne tout en étant inavouable. L'auteur racontant et l'auteur raconté ne s'aiment pas, bien que frères jumeaux et complices.

Comme on le voit, la question du mode et de la voix narratifs, qui pourrait être jugée assez scolaire pour certains textes, devient capitale du fait du héros-écrivain : comment se situe l'auteur vis-à-vis son *alter ego* dans le récit ? Et de plus, qui a charge de parler de ce dernier ? Un « parleur » absent comme dans *Au pied de la pente douce* ? Ou un « parleur » lui-même personnage ? Dans ce cas, l'auteur parlant et l'auteur parlé sont-ils la même personne ou des personnes distinctes, en d'autres mots, a-t-on affaire au « je » à prétentions « autobiographiques » ou à celui du témoignage ? Ce sont là les poses diverses de Narcisse, avec tout un jeu d'angles, de distances, de fractionnements, d'inversions : miroirs de la littérature qui y observe sa double image superposée.

Le plan narrationnel ne se limite donc pas à ces enclaves discursives dont l'importance a été illustrée plus haut à propos de l'agir du personnage-écrivain. Il inclut aussi les attributs de l'acte même de narrer. Reprenons donc les questions qu'ils impliquent dans leur plus grande généralité : qui regarde les événements et les personnages, à quelle distance et selon quelles perspectives ? Qui les raconte, à quel moment, à quel niveau, à quelle personne ? Les segments non diégétiques mais aussi les partis pris modalisateurs, le choix d'un récitant, ainsi que plusieurs éléments de l'aspect verbal réunis sous le vocable « style[49] » correspondent à ce

---

49. Ils constituent le « registre de la parole » selon la formule de T. Todorov : *Qu'est-ce que le structuralisme ? 2. Poétique,* Seuil, coll. Points, 1968, p. 39-48.

que Paul Zumthor a nommé « les modes de présence de l'auteur dans son texte[50] ». Le personnage-écrivain, bien que justiciable en théorie d'un autre niveau, témoigne aussi de cette présence : mais il est plus qu'une trace, le lecteur ne peut éviter de reconnaître en lui le *double*[51], fût-il le contraire de *l'autre,* son frère ennemi. Comment ne pas voir que toutes ces manifestations constituent un véritable réseau de dépendances convergentes, on devrait dire une profonde solidarité transcatégorielle ? Voilà pourquoi nous ne pouvons poser Denis Boucher, héros-écrivain, sans que ne se structurent en fonction de lui, de proche en proche, comme dans un champ magnétique, tous les éléments de la narration.

QUEL AUTEUR ? QUEL PERSONNAGE ?

Il subsiste une question extrêmement épineuse que le degré de généralité des termes employés a permis de laisser jusqu'ici en suspens. Quand on parle de narrateur ou même d'auteur, certes on ne fait pas référence, en bonne méthode, au romancier en chair et en os Roger Lemelin. Il s'agit d'une fonction inscrite dans le texte. Cet auteur-narrateur, dans la mesure où il devient lui-même l'objet d'une représentation, est aussi fictif que tous les autres éléments du récit. Il semble cependant qu'on doive l'envisager sous deux aspects : interne et externe. La distinction apparaît clairement

---

50. Paul Zumthor, « Une discipline à la mode », *Le Monde,* 17 novembre 1972.

51. Tous les personnages pourraient être envisagés, sous divers déguisements, comme des doubles, fussent-ils des « possibles » rêvés : se rappeler le fameux « Madame Bovary, c'est moi ! »… L'essentiel réside dans le fait que le personnage-écrivain, c'est le double *désigné, signalé.*

dans les récits homodiégétiques[52] (à la première personne) : celui qui dit « je » dans l'énoncé « longtemps je me suis couché de bonne heure » ne prend pas la peine d'affirmer plus loin : je vois tel ou tel événement du point de vue de Swann. On a dans ce dernier cas, d'une part, un « je » explicitement narrateur (parce que personnage) – Jean Rousset l'appelle « l'agent interne de narration[53] » – et, d'autre part, un organisateur du texte, responsable des décisions et de la régulation narratives, diversement nommé selon l'étendue de la tâche qu'on lui attribue : auteur, auteur implicite, auteur textuel, scripteur, romancier omniscient, et même narrateur. Face interne, il y a *représentation,* les choses sont données dans le texte : un « je » et les prédicats proprement discursifs[54] dont il peut être le sujet. Face externe, nous n'avons très souvent que des traces : il faut les repérer aux fins d'une reconstitution ; nous sommes dans l'implicite, sauf sans doute quant à la décision de confier la relation de l'histoire à un « je ». La même distinction, quoique moins apparente, vaut pour le récit hétérodiégétique (à la troisième personne) : en dépit de « l'absence » du narrateur, de la non-personne du « il »[55] dans *Au pied de la petite douce,* on subodore un « parleur » qu'on devrait continuer à ne pas confondre, en principe, avec le régulateur du texte, même s'il s'agit de deux aspects d'une seule

---

52. D'après la terminologie avancée par Gérard Genette, « Discours du récit », *in op. cit.*

53. Jean Rousset, *Narcisse romancier,* José Corti, 1973, p. 11.

54. Les signes non pronominaux de l'appartenance au discours sont souvent moins manifestes.

55. « La 3e personne est au vrai une absence de personne » (Émile Benveniste, *Problèmes de linguistique générale 1,* Gallimard, 1966, p. 242).

instance et que leurs signes respectifs soient difficiles à démêler[56]. En résumé, une œuvre narrative comprend toujours un organisateur signifié implicitement et un (ou plusieurs) présentateurs[57] dont les signes sont plus ou moins visibles selon le type de récit. Les deux, en tant que catégories fonctionnelles, relèvent du code de la narration[58].

Il est possible, comme chacun sait, de dégager une « image » de ce Janus à partir des renseignements qu'il donne sur lui ; ainsi, pour *Au pied de la pente douce,* il s'agit de quelqu'un (?) qui prétend aimer les humbles, désire qu'on écrive bien, se méfie du style pompeux, croit que la littérature aide à échapper à son milieu, etc. On obtient une psychologie, une certaine vision du monde, une conception de la littérature. Le malheur vient de ce que le critique ne sait trop à qui ou à quoi les rapporter.

Ces distinguos, qui paraissent peut-être didactiques et inutiles, entre narrateur-responsable du texte et narrateur-rapporteur, sont pourtant nécessaires car ils permettent de mieux voir où la difficulté principale réside. Les épithètes « interne » et « externe » ont une valeur approximative. *Versant interne* (le *speaker*), cela veut dire que la fonction vise principalement le destinataire – l'autre bout de la chaîne – par les mots

56. Todorov soutient que dans ce cas « auteur implicite et narrateur ont fusionné ». À notre sens, il serait préférable, du moins sur le plan théorique, de les distinguer (T. Todorov, « Vision dans le récit », dans *Dictionnaire encyclopédique des sciences du langage,* Seuil, 1972, p. 413).

57. Par analogie avec la radio, ce serait le *speaker,* distinct du réalisateur-producteur de l'émission.

58. Catégories fonctionnelles dans *le* récit, ce qui ne préjuge pas d'autres fonctions dans *tel* récit.

dans le texte ; sur son *versant externe* (le responsable de l'émission), elle renvoie plutôt à la source émettrice, le sujet du texte. Or il règne de ce côté une imprécision qui n'est sans doute pas étrangère au formalisme régnant. À lire les critiques et poéticiens, on se demande, lorsqu'il est question du « responsable », s'il s'agit d'un scripteur conçu comme sujet sémiologique immanent inscrit d'office par le code narrationnel, ou d'un sujet hors texte dont nous ne lisons que les traces, ou des deux à la fois. Et dans le cas du sujet « extérieur », les termes employés ne font que reculer l'interrogation : sujet personnel ou impersonnel, fonction esthétique générale ou individualité structurante ? Voici quelques exemples. Chaque affirmation peut paraître juste, mais l'ensemble témoigne d'une grande indécision : Georges Jean :

> Parfois le romancier, celui qui écrit le texte, intervient par des commentaires, des incises, qui le situent par rapport au narrateur ou par rapport aux autres[59].

Wayne C. Booth :

> L'auteur implicite, le second moi [de l'auteur], se réduit à un échafaudage de notre esprit, fait à l'aide d'éléments de l'histoire rapportée[60].

Michel Zéraffa :

> Le personnage est le porte-parole d'un narrateur [...][61].

---

59. Georges Jean, *Le Roman*, Seuil, 1971, p. 145.
60. Wayne C. Booth, « Distance et point de vue », *Poétique*, n° 4, 1970, p. 515.
61. Michel Zéraffa, *La Révolution romanesque*, p. 10.

Wolfgang Kayser :

> Derrière le masque (du narrateur) il y a le roman qui se raconte lui-même, l'esprit omniscient et omniprésent qui crée cet univers. Il constitue cet univers nouveau et unique en prenant forme et en se mettant à parler, en l'évoquant lui-même par son verbe créateur. C'est lui qui est cet univers et, là, il peut être omniscient et omniprésent. Le narrateur romanesque est, en termes clairs et analogiques, le créateur mythique de l'univers[62].

Michel Butor :

> [...] le je de l'auteur projette dans le monde fictif le « je » du narrateur [...][63] ; Chacun sait que le romancier construit ses personnages qu'il le veuille ou non, le sache ou non, à partir des éléments de sa propre vie, que ses héros sont des masques par lesquels il se raconte et se rêve[64].

Jean Rousset :

> [...] le narrateur responsable du texte, celui auquel un Balzac ou un Marivaux s'identifient quand ils écrivent [...][65].

Bien malin qui déterminerait avec exactitude, à partir d'une synthèse de ces assertions, la TENEUR et même le LIEU de l'auteur « textuel » et d'un auteur réel.

Mais il faut que le critique décide pour lui-même sans pour autant enfourcher le vieux dada du QUI PARLE ? opposé au COMMENT ÇA PARLE ?, ni rompre des lances avec une sémiotique ingénue se

62. Wolfgang Kayser, « Qui raconte le roman ? », *Poétique,* n° 4, 1970, p. 509.

63. Michel Butor, *Essais sur le roman,* Gallimard, coll. Idées, 1964, p. 77.

64. *Id.,* p. 74.

65. Jean Rousset, *op. cit.,* p. 11.

représentant l'œuvre comme un système automatique muni d'effecteurs. Du point de vue de la lecture, on se demande pourquoi on s'empêcherait en principe d'interroger l'auteur réel à travers l'auteur énonciateur produit par le discours, par exemple lorsque la situation de ce dernier est liée à d'autres phénomènes textuels pertinents[66]. Cela ne manque pas d'arriver dans *Au pied de la petite douce* où son image implicite, parce qu'elle reflète les conditions *concrètes* de l'écriture dans le climat social et idéologique du Québec des années trente, nous renvoie à Roger Lemelin, un milieu, une éducation, etc. Il en va de même au niveau fictionnel avec le personnage-écrivain Denis Boucher. En retirant la fonction d'écriture à Jean Colin et à Ovide Plouffe qui auraient été, compte tenu du milieu et du code culturel, les écrivains *vraisemblables* du fait de leur caractère et aussi de leurs fragilité et marginalité, et en l'attribuant au fort, au viril, au « chef » de la bande Denis Boucher, l'auteur textuel n'arrive-t-il pas à dire le statut effectif de la littérature tout en cautionnant Roger Lemelin comme écrivain confronté à ce statut ? Jean Colin devient alors la figure fictive de la situation réelle de l'écriture[67], Denis Boucher une issue imaginée pour un milieu trop enclin à voir dans l'art une activité futile (une affaire de « tapette »), et qui s'en

---

66. Le fait, comme le souligne avec justesse Gérard Genette, que « la situation narrative d'un récit de fiction ne se ramène *jamais* à sa situation d'écriture » ne veut pas dire qu'il ne peut y avoir de rapports entre elles. (Voir « Discours du récit », *in op. cit.*, p. 226).

67. Il est difficile de ne pas lire dans la défaite et la mort de Jean Colin, l'écrivain pourtant « attendu », l'aveu de l'impossibilité ou du moins de la précarité de la littérature, comme si un code littéraire transmis par la culture entrait ici en conflit avec la réalité sociale concrète.

moquerait moins s'il paraissait lié à des attitudes inspirant au contraire la considération. Voilà pourquoi l'écrivain Denis Boucher est si souvent appelé le « chef »...

Rien dans tout ceci qui entretienne l'illusion biographique ou qui préjuge de la fameuse question : le sujet sait-il ce qu'il fait quand il parle ? Il ne s'agit pas de « l'individuum ineffabile » mais de quelqu'un qui, s'étant choisi comme écrivain, *travaille* dans des conditions données pour assumer la fonction esthétique à partir des possibilités offertes par sa société et par la langue littéraire, c'est-à-dire un certain nombre de formes jointes à une topique commune. Il est celui qui *fait* parler à travers le langage tout en voulant aussi le langage pour lui-même.

Il ne faudrait pas s'étonner si la critique ne tient pas tout à fait les engagements de la poétique. Philippe Lejeune, dans son livre sur l'autobiographie littéraire[68], souhaite d'une part circonscrire le genre sans « nul besoin de rejoindre un impossible hors-texte », « toute psychologie et mystique de l'individu démystifiées[69] », objectif louable, mais de l'autre, rattache, devenu lecteur, certains aspects de la structure de *Si le grain ne meurt* aux « conflits intimes » de Gide et fait état de « l'intention profonde » de ce dernier[70]. Admirable système qui, pour satisfaire aux exigences de la théorie, fonde l'autobiographie sur une pure identité formelle (de noms propres) entre le narrateur et l'écrivain figurant sur la couverture du livre mais qui doit laisser

68. Philippe Lejeune, *Le Pacte autobiographique,* Seuil, 1975.
69. *Ibid.*, p. 34 et 35.
70. *Ibid.*, p. 172 et 179.

ensuite à la critique toute liberté de parler comme s'il s'agissait d'une identité réelle ! Dans cet ouvrage d'ailleurs remarquable, les termes « Gide », « le narrateur », « l'auteur » finissent par être employés à peu près indistinctement.

L'exemple s'avère d'autant plus riche d'enseignements que le roman à héros-écrivain pourrait inciter certains à contracter « le pacte autobiographique » de lecture. Le fait que Denis Boucher est lui-même un écrivain « active » singulièrement les informations du type suivant, partout disponibles et faisant partie intégrante du code de réception : « Né en 1919, Roger Lemelin a vécu son enfance et sa jeunesse en turbulent gavroche d'un faubourg ouvrier de Québec, le grouillant quartier de Saint-Sauveur[71] ». La tentation autobiographique engage à hypostasier les rapports comme suit :

1. Contexte intratextuel (Denis Boucher) $\simeq$ Contexte extra-textuel (Roger Lemelin)
2. Image implicite et décisions (auteur-narrateur) $\simeq$ Conditions concrètes de l'écriture (Roger Lemelin)
3. Écrivain dans le texte $\simeq$ Écrivain hors texte (sur la couverture du livre)
4. Denis Boucher = narrateur = Roger Lemelin

Cette lecture infère une fausse relation d'identité de plusieurs relations de ressemblance. Tout se passe comme si le prédicat « écrivain » de Denis Boucher opérait à la manière d'une réitération dans le texte du

71. Pierre de Grandpré, dans *Histoire de la littérature française du Québec*, Beauchemin, 1969, tome IV, p. 26.

nom de l'auteur sur la couverture ; il validerait alors tous les rapports déjà reconnus d'analogie et de ressemblance entre le texte et le hors-texte ; il inviterait même à chercher de tels rapports. Ceci ne va pas d'ailleurs sans dangers du fait des termes mêmes, car ce qu'il nous faut bien appeler le « hors-texte » se trouve inscrit dans le texte qu'il constitue. Ceci dit, peut-on, dans certaines limites, envisager le personnage-écrivain comme une forme d'inscription du sujet réel[72] et reconnaître dans les romans où il apparaît quelques-uns des signes de l'autobiographie ayant pour effet de modifier le contrat de lecture ?

À vrai dire, il ne faudrait jamais confondre l'autobiographie d'un écrivain avec un roman à personnage-écrivain. Ce sont des entreprises distinctes. Le personnage-écrivain requiert qu'on lutte contre la pente biographique de la lecture qu'il provoque par une plus grande attention aux modes de manifestation du réel dans le texte. Ceci n'est pas si paradoxal qu'il le semble. La « voix autobiographique », à supposer qu'elle s'insère dans la trame fictive du roman, échapperait par là même à l'épreuve de vérité, ce qui devrait garder de la tentation du vérifiable. Mais cette pente biographique ne traduit pas qu'un leurre. Le fait même de son existence signale le caractère tout à fait particulier du « représenté » et appelle à l'obligation de chercher dans le texte les signes d'une société donnée et des conditions objectives d'une écriture comme si, c'est

---

72. Il ne s'agirait pas d'une inscription au sens strict, comme celle par exemple que signale Michel Serres à propos de Zola disséminant les lettres de son nom dans ses romans (Michel Serres, *Feux et signaux de brume, Zola,* Grasset, 1975, p. 122-127).

le cas de le dire, l'auteur en chair et en os *brillait* encore davantage par son absence.

On souhaiterait donc que le personnage-écrivain ne soit pas uniquement reflet d'un reflet, masque d'un masque, mais qu'en lui, un projet, un désir (et aussi une société) aient voulu se regarder, en somme que Narcisse existe. Mais lorsque Narcisse contemple « cette image de lui-même », précise Gérard Genette, « [il] ne trouve pas dans sa ressemblance une sécurité suffisante [car] [...] le reflet est un double, c'est-à-dire à la fois un AUTRE et un MÊME[73] ». Narcisse n'est pas une catégorie.

LE PERSONNAGE-ÉCRIVAIN COMME FIGURE

Les questions que soulève la présence dans le roman d'un écrivain-héros sont, comme on le voit, nombreuses. Articulées sur un cas précis, Denis Boucher, elles apparaissent concrètement avec leurs diverses implications tout en gardant néanmoins leur portée théorique générale, et plusieurs demeureront longtemps ce qu'elles sont, des questions orientant la recherche. La distinction entre histoire et narration est méthodologique, elle permet de préciser par quel bout on commence puis de sérier ce dont on a à parler car on ne peut dire *tout du même* simultanément. Il ne faut pas la forcer : le texte, lui, constitue une unité harmonique. Pour parler du contenu narratif, il a été nécessaire plus haut d'évoquer longuement la narration ; et au sujet de la narration, on a été amené à insister sur le contenu narratif (la rivalité entre Denis Boucher et Jean Colin). Ceci est exemplaire.

---

73. Gérard Genette, *Figures*, Seuil, 1966, p. 21.

La figure de la relation entre Jean Colin et Denis Boucher, aussitôt posée, se répercute sans fin d'écho en écho, chaque terme s'opposant à l'autre dans une sorte d'énergétisme diffus où le bonheur du mouvement implique le malheur de l'immobilité (Gaston et Jean, dont les morts clôturent chacune des parties de l'œuvre, sont des infirmes). Ouvrons *Au pied de la pente douce* au hasard : « Leurs corps unis par des mains vibrantes montaient au faîte des pierres, descendaient au creux des éclaircies, en ondulant. Denis tendait son cou, heureux, tirait Lise, comme si l'atmosphère, en avant, leur donnait à boire[74] » : mouvement euphorique des corps qui coule telle la vague et est orienté vers le haut de l'air, mais accompagné des signes visibles de l'énergie : « *vibrantes* », « *tendait* », « *tirait* ». Au début, voici Denis Boucher surpris avec les garçons du quartier en train de piller un verger de la haute-ville : « Les flics, les gars ! hurla Denis Boucher, qui bondissait à l'avant du groupe des fuyards[75] ». Tout est donné déjà en ces premiers mots : l'appartenance au clan (on devine chez Lemelin, en dépit des clivages idéologiques et sociaux, un unanimisme, un entre-nous heureux probablement rapportables à la culture populaire[76]) ; la parole du chef (l'écrivain) devant ses troupes ; et surtout une occurrence significative de l'opposition déjà

74. *Au pied de la pente douce*, p. 227.

75. *Ibid.*, p. 10.

76. Sur la culture populaire et la société québécoise, quelques indications dans notre article, « Le décrochage des signes : Rabelais comme lieu linguistique pluriel », *Liberté*, n° 115, janvier-février 1978, Actes du Colloque de l'Institut d'études médiévales de l'Université de Montréal sur « Les commencements de la langue française », 12 et 13 avril 1975. On pourra consulter aussi : « Culture populaire et culture sérieuse dans le roman québécois », *Liberté*, n° 111, mai-juin 1977.

notée : Denis Boucher s'élève brusquement en l'air (bondir) tandis que tous les autres agissent, eux, en « fuyards ». Il faut les voir s'éparpiller en désordre, têtes baissées, rampant presque vers une cachette. Ils sont tirés vers le bas à l'instar de Jean Colin blessé au genou (il ne peut suivre Denis et Lise dans leur agile promenade) et dont les loisirs se résument à fouir la terre pour y trouver ces vers que l'auteur oppose à ceux de la poésie... La figure se fait entendre partout en de multiples harmoniques du son fondamental.

En entrant dans un réseau figural, les personnages se *thématisent,* ils deviennent des mots en rapport avec d'autres mots. Un « système de forces[77] » se trouve pris en charge par le champ des significations : à travers la constance des schémas relationnels, ce sont les termes – ici les agents de l'action – qui se transmuent indéfiniment, le long des axes des connotations, en couleurs, sons, odeurs, matières, mouvements, directions, états, etc. Mêmes propriétés pour les actions elles-mêmes comme l'a montré André Brochu[78]. Pour certains récits destinés à produire un effet unique saisissant et misant à cette fin sur l'homogénéité du contenu et de l'expression – par exemple, le récit fantastique – on peut même parler d'un réseau prédicatif général où les personnages, les actes, les images, bref tout le matériau verbal, concourent à la formation des mêmes paradigmes. (Est-ce un hasard si le récit fantastique met très fréquemment en scène un monde

---

77. Ce sont les termes de R. Bourneuf et R. Ouellet, *L'Univers du roman,* P.U.F., 1972, p. 153.

78. André Brochu, *Hugo, Amour/Crime/Révolution,* Les Presses de l'Université de Montréal, 1974, p. 11 et suivantes.

d'écrivains, de professeurs où le livre et la culture en général tiennent un grand rôle ?)

Le personnage-mot, médiateur entre l'histoire et sa narration, trouve son champ de relations le plus vaste et le plus ouvert dans le *verbal* du texte. C'est sur ce plan que l'œuvre se laisse saisir comme le plus grand ensemble.

Un personnage-écrivain dont le rapport constant à certains signifiés connotés jugés commutables apparaîtrait motivé par le contexte sociohistorique, la tradition, le code culturel, acquerrait de ce fait une valeur de symbole. C'est le cas de Denis Boucher, dans la mesure où il constitue une réponse symbolique à la question : comment accommoder l'ambition d'écrire à la société québécoise des années quarante ? À noter que ce qui renvoie à la société et à l'idéologie dans *Au pied de la pente douce,* c'est la structure même de la relation, c'est-à-dire une opposition entre deux séries de signifiés. Deviennent déterminantes ici l'appartenance à l'une ou l'autre série et les possibilités de groupements des éléments en signifiés de synthèse plus généraux et plus abstraits :

[bondir courir air …] → [haute-ville été …] →
[fuir boiter sol …] → [basse-ville hiver …] →

→ [le chef Denis Boucher …] → [victoire Lise Lévesque …] →
→ [la bande Jean Colin …] → [défaite Germaine Colin …] →

→ [vers (poésie) écriture …] →
→ [vers (de terre) silence …] →

→ [haut force vie mouvement + énergie]
→ [bas faiblesse mort immobilité – énergie]

Mais cette disposition binaire est trop simple. Il faudrait faire état d'autres axes, celui par exemple des signifiés qu'on pourrait qualifier d'appartenance et de typification dont le rôle est de moduler l'opposition. L'abbé Charton, par exemple, est dépeint avec les stéréotypes selon lesquels la culture populaire imagine le poète (« Dans la fièvre de son inspiration, il dépeignait ses cheveux, défaisait son col[79] »...) comme si l'auteur avait reproduit le « René » de Girodet[80] dans son texte avec la légende : ce n'est pas moi ! Cette précaution laisse les coudées franches à Denis Boucher, écrivain signalé qui, paradoxalement, ne doit surtout pas avoir l'air d'un écrivain ! L'opposition se trouve ainsi voilée au profit de valeurs autonomes réactivées. L'ascension avec son ambiguïté (bond, course vers l'espace aérien, mais aussi montée de la réussite sociale) est aussi fantasme heureux (flotter tel un fluide sans aucune attache) ou encore rêve démiurgique (« Il voulait tomber dans la vie des autres comme une sorte d'astre mystérieux qu'on renonce à comprendre, mais qui vous apporte le bonheur[81] ») et désir d'une écriture à la fois allégée et triomphante : « Le grand soleil de la littérature éclairait tout[82] ».

En résumé, l'œuvre comme ensemble verbal traduit dans son langage les significations propres des actes et des personnages. Dans *Au pied de la pente douce,* ce langage laisse voir un « code » à travers l'organisation des signifiés connotés. À ce niveau, « être écrivain », « écrire » font partie de paradigmes dont ils

---

79. *Au pied de la pente douce,* p. 29.
80. Célèbre portrait romantique de Chateaubriand.
81. *Ibid.,* p. 151.
82. *Ibid.,* p. 215.

reçoivent un sens : chez Denis Boucher, se hausser et vaincre en une dépense euphorique d'énergie. Mais à l'inverse, dira-t-on qu'être écrivain, écrire, donnent à leur tour un sens aux éléments auxquels ils se trouvent associés ? En d'autres mots : pourquoi Denis Boucher est-il écrivain ? Et se pourrait-il, en dernière analyse, que vue sous cet angle la réitération de l'auteur dans son texte, à la manière d'une sorte de colophon, nous renvoie plus à l'institution littéraire préexistante qu'à l'œuvre elle-même ?

Telles sont donc, rassemblées ici autour de Denis Boucher, un certain nombre des questions qu'on devrait garder présentes à l'esprit dans l'étude de l'écrivain comme personnage romanesque.

CHAPITRE II

L'ÉCRIVAIN À LA PREMIÈRE PERSONNE

Le destin de Denis Boucher écrivain ne s'achève pas avec *Au pied de la pente douce.* Ou plutôt, si : le premier roman de Lemelin renferme le premier et dernier roman de Denis Boucher. Sa réitération comme personnage dans les œuvres ultérieures de Lemelin s'accompagnera des signes, en nombre croissant, de l'écriture différée, inutile ou impossible. Retenons qu'à l'origine, la fonction littéraire ne pouvait s'exercer qu'à travers un fantasme de force dont la figure était aussi bien la mort de Jean Colin que l'annonce de la montée sociale de Denis Boucher, fantasme irradié d'ailleurs dans tous les aspects du texte. Mais il faudra revenir plus loin aux autres romans de Lemelin.

Du point de vue qui nous occupe ici, on trouvera chez un personnage de Gabrielle Roy, Christine, l'antithèse exemplaire de Denis Boucher. Dans deux récits à la première personne, *Rue Deschambault*[1] et *La Route d'Altamont*[2], Christine nous est donnée comme une enfant puis une adolescente et une jeune fille, qui se sent promise au métier d'écrivain et décide de le devenir. Or le rapport signalé de Christine à la littérature, contrairement à ce qui se passe chez Denis Boucher,

1. Beauchemin, 1971 (Beauchemin, 1955).

2. HMH, 1969 (HMH, 1966). On pourrait s'objecter à la présence ici d'un texte aussi tardif que *La Route d'Altamont.* Celui-ci, quoique renfermant des nouvelles plus longues (et moins nombreuses), reprend, en l'approfondissant, le discours inauguré dans *Rue Deschambault* (et même par *La Petite Poule d'eau* en 1950).

demeure essentiellement dépourvu des signes dénotant celle-ci comme activité productive concrète dotée d'une dimension institutionnelle et d'un statut social. En d'autres termes, le rapport dont il est question semble n'avoir qu'une face, celle de l'intériorité. Et certes, Christine est l'objet d'un discours bien différent de celui d'*Au pied de la pente douce.* Il s'agit en effet d'un discours à la fois rétrospectif et prospectif avec cette nuance que le « je » de la maturité, simultanément celui de l'énonciation, se trouve, dans et par son acte même, à accomplir les rêves d'enfance et de jeunesse du « je personnage » de l'énoncé.

JEUX DE MASQUES

Il faut reconnaître ici certaines des marques mêmes qui incitent, comme malgré soi, à la lecture autobiographique. En principe, dire à la première personne que jadis on espérait devenir écrivain n'implique nullement qu'on le soit devenu. Mais le dire de façon littéraire confère à la fiction un statut ambigu puisque, par ce fait, le projet ancien se voit *réalisé,* donc doté à tout le moins des semblants du *réel,* et qu'en même temps, nous avons affaire à un usage du langage, le littéraire, qui, ne serait-ce qu'à cause de son surplus de signes, voire même de son opacité, n'est précisément pas voulu pour un référent net et immédiat. C'est cette ambiguïté qui faisait dire à Northrop Frye : « La littérature n'est pas le reflet de la vie, mais elle ne s'en évade ou ne s'en retire pas non plus[3] ». Si l'on ajoute que dans *Rue Deschambault* et *La Route d'Altamont,* le

---

3. Northrop Frye, *Pouvoirs de l'imagination* (traduit de l'anglais), HMH, 1969, p. 88.

lieu du récit (le Manitoba), certaines données (être institutrice, etc.) recoupent ce que nous ne pouvons pas ignorer du sujet hors texte (le « moi qui vit » et non celui « qui écrit » pour reprendre la distinction proustienne), la pente de la lecture autobiographique s'avère pour ainsi dire fatale[4].

Il faut pourtant y résister[5]. Ou plutôt, il conviendrait de commencer à s'interroger – puisque aussi bien on a vu comment chez Lemelin la chaîne des relais textuels peut conduire déjà vers l'auteur réel – sur les raisons qui incitent le lecteur de romans québécois à convoquer avec une telle fréquence l'écrivain en chair et en os. Elles ressortissent, comme il se doit, à divers ordres. L'on ne saurait ici, en évitant le biais des textes, rapporter directement une habitude de lecture au contexte socioculturel. Un texte littéraire comporte dans une certaine mesure son mode d'emploi, il est pourvu de ce qu'on pourrait nommer un programme de lisibilité ; celui-ci donne un *sens* à la lecture, si l'on veut une direction, une orientation, et ce sont eux qui, s'ils n'empêchent pas, sur le plan théorique, plusieurs significations d'être équivalentes, les gardent bien, sur le plan pratique, d'être équiprobables. Il ne pourrait s'agir non plus d'un plus grand réalisme déclenchant

4. Gérard Bessette s'y est laissé entraîner dans *Une littérature en ébullition*, Éditions du Jour, 1968 (notamment p. 284-295). Voir sur cette attitude, les réserves d'André Vanasse, *Livres et auteurs québécois 1974*, Les Presses de l'Université Laval, 1975. Gilles Marcotte parle d'« autobiographie » pour *Rue Deschambault* (*Une littérature qui se fait*, HMH, 1968, p. 41), tandis que François Ricard (*Gabrielle Roy*, Fides, 1975, p. 92) et Marc Gagné (*Visages de Gabrielle Roy, l'œuvre et l'écrivain*, Beauchemin, 1973, p. 18) sont hésitants quant au statut biographique de ce texte.

5. Voir plus haut.

infailliblement chez le destinataire le rappel d'une société et de sujets réels. Le discours littéraire mimétique se caractérise, comme on le sait, par un surcroît de signes destinés à donner l'illusion de la réalité rapprochée du monde. Ce langage *figuratif,* c'est le cas de le dire, apparaît justement comme très figuré. Tel n'est pas le cas d'un grand nombre de romans québécois. Ce n'est pas sous-estimer notre roman que de prétendre qu'en général, il brille davantage par la pénurie que par la richesse rhétorique ou, mieux encore, qu'il trahit une distribution inégale, précaire, des signes au long d'un discours avançant, pour ces raisons mêmes, à visage découvert. Car le discours le plus égal et en apparence le plus transparent – jugé souvent à cause de cela le mieux réussi – est paradoxalement le plus opaque. Mais en revanche, celui qui fait voir un scripteur aux prises avec la littérature éclaire par ses béances des conditions de travail concrètes, bien réelles. Dans ce cas, le scripteur ne masque pas l'auteur véritable, il le révèle[6]. Lorsque les codes, tant du point de vue du contenu que de l'expression, ne parviennent pas à être suffisamment re-destinés aux fins de la réussite ultime du signifiant, ils laissent une sorte de résidu référentiel modifiant la lisibilité. L'attitude du lecteur enclin à faire comparaître l'auteur réel correspond de fait à une situation d'écriture.

L'accomplissement esthétique de tout projet d'écriture résulte d'une sémantisation de la forme et d'une formalisation du sens dans un ensemble objec-

---

6. « [...] beaucoup de nos romans, affirme Gilles Marcotte, ne sont que des autobiographies à peine déguisées » (« Le grand combat de Claire Martin », dans *Les Bonnes rencontres,* HMH, 1971, p. 161).

tal[7], non directement référentiel, où le « lisse » de la surface tient vraiment lieu de tout. C'est pourquoi le discours romanesque réussit à nous faire accepter, sans que l'on y prenne garde, tant de bonheur de dire sur tant de malheur d'être ! Mais l'existence même de cet objet esthétique suppose que l'on croie à la possibilité de construire, par la seule efficace des mots assemblés, une sorte de réplique ou de modèle du monde. Or c'est la culture qui en conférant au langage sa valeur et son poids, crée les conditions qui permettent de l'envisager tel un matériau autonome. Car paradoxalement, alors qu'un texte littéraire transforme en un monde de langage des langages sur le monde, la somme des textes constitue effectivement un langage sur le monde. Ils entrent dès lors dans la culture, à l'égal de tous les autres discours qui décrivent, commentent ou expliquent la réalité. C'est ainsi que l'on passe du langage-objet de la culture au langage-sujet du texte.

Ce n'est pas un hasard si la bourgeoisie détient ce que Bakhtine nomme la « culture sérieuse »[8] en même temps qu'elle détermine un bien-dire littéraire commun à toutes les tendances esthétiques et orientations idéologiques. La société québécoise, elle, pour des motifs largement historiques, est restée, du moins jusqu'à ces dernières années, profondément imprégnée par la « culture populaire »[9], laquelle s'oppose à la « culture

7. Nous nous inspirons ici de Iouri Lotman, *La Structure du texte artistique* (traduit du russe), Gallimard, 1973, notamment le chapitre I, « l'Art en tant que langage ».

8. Mikhaïl Bakhtine, *L'Œuvre de François Rabelais et la culture populaire au Moyen Âge et sous la Renaissance*, Gallimard, 1970.

9. André Belleau, « Culture populaire et culture "sérieuse" dans le roman québécois », *loc. cit.*, p. 31-36, ainsi que « Le décrochage des signes : Rabelais comme lieu linguistique pluriel », *loc. cit.*

sérieuse », sur divers plans dont celui notamment de la fonction du langage dans la vie sociale. Et il ne s'agit pas d'un hasard non plus si cette société n'a jamais eu une bourgeoisie nationale au plein sens du terme. Sinon, comment Marcel Rioux aurait-il pu parler d'une « classe ethnique »[10] ? Partout ailleurs, la bourgeoisie a cherché à faire disparaître la vision populaire du monde à la fois par l'uniformisation autoritaire et la folklorisation. Le romancier québécois, vivant la culture dans la distance comme fait d'une autre classe, d'un autre pays, etc., éprouve de la difficulté à s'approprier le langage dans sa multiplicité et son étendue ; et c'est cette position linguistique concrète qui incite le lecteur à substituer à la *persona,* masque de mots qui n'est porté par personne, le masque *carnavalesque* derrière lequel il cherche tout normalement à deviner un parent ou un voisin. Ce n'est pas une question de connaissance de la langue comme d'aucuns l'affirment. Mais c'en est beaucoup une de rapport au langage.

QUI PARLE DE QUI ?

Ce préambule un peu disert ne nous a éloigné qu'en apparence du personnage-écrivain chez Gabrielle Roy, sa double instance narrative mettant précisément en relief les difficultés particulières de la lecture

---

10. Marcel Rioux, « Aliénation culturelle et roman canadien », dans *Littérature et société canadiennes-françaises,* Presses de l'Université Laval, 1964, p. 145. Voir aussi de Marcel Rioux sur cette question : « L'étude de la culture canadienne-française : aspects microsociologiques », dans *Situation de la recherche sur le Canada français,* Presses de l'Université Laval, 1962, p. 270-271, et surtout l'article qu'il a publié avec Jacques Dofny, sous le titre « Les classes sociales au Canada français », et reproduit dans le collectif *La Société canadienne-française,* HMH, 1971, p. 315-324.

référentielle dans notre milieu. Chez Gabrielle Roy, le projet « fictif » d'écriture ne se présente d'abord pas comme concomitant ou presque à l'acte même d'écrire : il est plutôt ressaisi de façon répétitive – ce que permet la fragmentation du texte – dans la distance instaurée par l'éloignement temporel, les reprises constituant des modulations du thème fondamental. Souvent, il s'agit de variations allusives comme chaque fois qu'il est question – et cela arrive très fréquemment – de la découverte sans cesse recommencée par Christine des prestiges de l'imagination, du rêve, de la vie intérieure, des mots (exemple : « Ma coqueluche[11] »), ou encore lorsqu'un autre personnage se voit doté d'une activité symbolisant celle de l'écrivain, telle cette « Grand-mère toute-puissante[12] » qui fabrique une poupée avec tous les pauvres objets d'usages les plus divers et même contradictoires qui, au cours d'une longue vie, ont croisé son destin :

> — [...] Ils disent que je garde tout, que je m'encombre, que je suis une vieille démodée. N'empêche qu'un jour arrive où on peut tirer un bon usage de ce qu'on aurait pu jeter par la fenêtre[13].
>
> ......
>
> Je devenais humble, très humble devant elle, devant la majesté de son cerveau, l'ingéniosité de ses mains, cette espèce de solitude hautaine et indéchiffrable de qui est occupé à créer[14].
>
> ......
>
> — Tu es Dieu le Père. Tu es Dieu le Père. Toi aussi, tu sais faire tout de rien[15].

---

11. *Rue Deschambault.*
12. *La Route d'Altamont.*
13. *Ibid.*, p. 24.
14. *Ibid.*, p. 23.
15. *Ibid.*, p. 28.

Parfois, l'allusion ne suffit pas, le thème lui-même est posé et développé avec netteté et force : « La voix des étangs », « Gagner ma vie » dans *Rue Deschambault*, « La route d'Altamont » dans l'ouvrage de même titre. Certes, on ne peut nier que les signes connotés ou dénotés de l'écrivain jouent ici un rôle anaphorique : ils assurent au discours une certaine continuité malgré sa parcellisation (*La Route d'Altamont*, fait de quatre récits distincts, est curieusement appelé « roman »).

Mais pourquoi un je-tardif-écrivant éprouverait-il le désir de se reprendre avec une telle insistance comme je-hâtif-voulant écrire ? Quelle inquiétude pointe ici ? Quelle fissure fait signe qu'on la colmate ? Un écrivain, tout comme la grand-mère de *La Route d'Altamont* pour la poupée, peut fort bien s'inventer une enfance avec les lambeaux de sa vie, et notamment une enfance d'écrivain. Le je-auteur a la faculté de se rêver comme ayant de tout temps été promis à l'écriture. Mais pourquoi le ferait-il ? Besoin de cohérence ? de fonder l'écriture présente ? de justifier l'essentiel *manque* du vécu par le *plein* d'un destin ? « Un écrivain n'a vraiment besoin que d'une chambre tranquille, de papier et de soi-même[16] ». À quoi cela renonce-t-il ? Voilà ce qui ne nous sera pas dit, comme tant de choses d'ailleurs chez Gabrielle Roy. Mais le *dit* d'un texte appelle un *non-dit* qui le détermine.

Vu ces indications préliminaires, une autre question surgit, plus proche encore peut-être de notre propos : nous trouvons-nous dans *Rue Deschambault* et *La Route d'Altamont* en présence d'un je-adulte ayant charge de dire un je-enfant ou plutôt de la situation

16. *La Route d'Altamont*, p. 239.

inverse ? Ne serait-ce pas l'écrivain raconté qui nous parle en fait de l'écrivain actuel à travers le leurre de la mise en scène narratologique[17] ? Ceci est suggéré non seulement par les interrogations soulevées au paragraphe précédent mais aussi par le fait paradoxal que le « je » révolu n'est pas une donnée fixe (tout se passe comme si nous avions affaire à un auteur qui écrit sur le projet antérieur d'écrire en répétant et en variant ce dernier). On observera donc une évolution notable entre les deux livres. Le narrateur ne se voit pas enfant et futur écrivain dans *La Route d'Altamont* tout à fait comme dans *Rue Deschambault.* Pourtant, l'héroïne a le même nom, et nous avons des contextes familiaux, sociaux et géographiques identiques.

L'extrême fragmentation du discours dans *Rue Deschambault* (dix-huit courts « textes ») fait place en effet dans *La Route d'Altamont* à quatre récits beaucoup plus longs. Non seulement le contenu y est plus circonstancié mais le ton en est à la fois plus grave et plus soutenu ; et surtout, le besoin d'évasion qu'éprouve Christine, lié au désir de s'exprimer dans et par l'exploration du monde, s'intériorise en se problématisant. Il n'est plus nécessaire de convoquer dans la morne plaine un exotisme et un lointain venus d'ailleurs : le nègre itinérant[18], le Hollandais Wilhelm[19],

---

17. Il s'agirait purement ici d'un axe de lecture. Cela n'entend pas dire que le narré produit le narrant ou qu'il lui est antérieur, ce qui serait absurde. Mais le je actuel-narrateur, en tant que *je actuel,* peut être constitué en personnage dans la mesure où la façon dont il s'invente comme *je passé* nous parle effectivement de lui, de ses désirs, de ses regrets, etc. Rien n'empêche un personnage de *dire* un autre personnage. Il faut croire à la circulation des signes…

18. « Les deux nègres » *(Rue Deschambault).*

19. « Wilhelm » *(Ibid.).*

Lisa, l'Italienne de Milan[20], ou même de prendre plaisir à des voyages tel celui de l'oncle Majorique vers la Californie paradisiaque[21] ; il suffit de rendre *étrangers* par les mots les lieux quotidiens sans surprise en leur conférant une dimension mythique comme pour le lac Winnipeg dans « Le vieillard et l'enfant », la ville toute proche dans « Le déménagement », et la colline d'Altamont quêtée à la façon du Graal au bout d'une route perdue de la prairie, haut sommet (Altamont < altus mons) désiré et construit de toute force dans la platitude infinie… C'est comme si l'écrivain-narrateur prêtait à l'enfant qu'il fut les mots qui lui manquent et jusqu'à sa connaissance de leur pouvoir[22]. Non point que l'exigence du départ vers l'ailleurs soit de ce fait abolie. Au contraire. Mais Christine, qui a huit ans, se rend compte déjà que la fraîcheur et l'émerveillement de son regard ne dureront qu'un temps car nos yeux s'usent et tout vieillit :

> […] je ne voulais pas voir vieillir autour de moi[23].
>
> …
>
> Qu'aurais-je pu lui faire comprendre de ce poids de chagrin qui me venait, la brillante couleur des

---

20. « L'Italienne » *(Ibid.)*.

21. « Ma tante Thérésina Veilleux » *(Ibid.)*. – Dans *La Route d'Altamont*, le discours seul réussit à convoquer l'ailleurs : « […] de la choucroute, du sirop d'érable du Québec, des pommes rouges de la Colombie-Britannique, des prunes de l'Ontario » (p. 42).

22. « Le style est lié, affirme Jean Starobinski, au présent de l'acte d'écrire […] La valeur autoréférentielle du style renvoie donc au moment de l'écriture, au "moi" actuel » (*La Relation critique*, p. 82). Starobinski ajoute : « Dans [un] récit où le narrateur prend pour thème son propre passé, la marque individuelle du style revêt une importance particulière »… (*Ibid.*, p. 84).

23. *La Route d'Altamont*, p. 133.

> choses éteintes, de les voir à présent ternes et comme délaissées[24].
>
> ...
>
> Je pris sur la plage près de moi un petit débris de bois et, de la pointe, me mis à tracer des signes sur le sable[25].

Quelle magnifique image de la finalité profonde de toute écriture ! Ces « signes sur le sable » sont destinés eux aussi à l'oubli puisque c'est la mort, à la fin, qui fera le dernier signe et aura le dernier mot, mais ils constituent néanmoins une réponse au « chagrin... des choses éteintes ». Et qui parle ici ? À la fin de *La Route d'Altamont,* il n'y a plus de doute : par le jeu des embrayeurs adverbiaux, l'écrivain accompli de l'énonciation se substitue à l'écrivain en projet de l'énoncé ; le va-et-vient de l'un à l'autre est aménagé sans heurts :

> Que je me souviens bien de cette année de ma vie, la *dernière peut-être* où j'ai vécu tout près des gens et des choses, non pas *encore* un peu retirée d'elle comme il arrive malgré tout lorsqu'on s'adonne à la vouloir exprimer [...] Notre petite ville n'était pas pour moi une énigme [...] Je fus quelque temps *encore* à l'aise dans la vie... non pas un peu de côté. Et puis, *après, rarement* ai-je pu y revenir tout à fait, voir *encore* les choses et les êtres autrement qu'à travers les mots, lorsque j'eus appris à m'en servir comme de ponts fragiles pour l'exploration...[26]

---

24. *Ibid.*, p. 134.
25. *Ibid.*, p. 137.
26. *Ibid.*, p. 232-233. Les soulignés sont de nous.

L'ÉCRITURE ET LA VIE

On le constatera, l'écrivain-narrateur de la maturité ne renonce pas à la conception de la littérature-exploration et expression même si, onze ans après *Rue Deschambault*, elle se trouve problématisée dans *La Route d'Altamont* du fait que Christine n'éprouve plus « le sentiment et la chaleur du réel[27] ». Or, est-on à côté de la vie parce qu'on écrit ou est-ce qu'on écrit parce qu'on est à côté de la vie ? Les deux termes de l'alternative nourrissent entre eux un rapport constant de tension voilée, atténuée, qui rend compte du caractère doucement insinuant de ces pages étales où rien ne brille d'un éclat particulier, qu'aucune rupture ne vient heurter, à l'image même de « l'horizon si monotone du Manitoba, terre planche s'il en est[28] »... Il convient de noter, par exemple, combien sont évités avec le plus grand soin, de crainte qu'ils ne détournent l'attention le moindrement de l'ondulation lente et régulière du discours, toutes les notations « réalistes » susceptibles de saillir sur le fond : ainsi, le narrateur se gardera bien de dire « hot dogs » auquel il substituera « saucisses chaudes en sandwiches[29] ». Et de la même façon, les récits de paroles se révèlent homogènes aux récits d'événements : presque jamais d'écarts linguistiques ou stylistiques entre le commentaire et les dialogues, transposition nulle... Il y a quelques rares exceptions, comme dans « Ma grand-mère toute-puissante » : « Comment c'est-y déjà que tu t'appelles[30] ? », et plus fréquemment dans l'utilisation de l'anglais familier

---

27. *Ibid.*, p. 234.
28. *Ibid.*, p. 68.
29. *Ibid.*, p. 111.
30. *Ibid.*, p. 14.

pour certaines répliques (voir « Les deux nègres[31] ») : ici, les connotateurs grossissants sont réservés à ce qui paraîtrait effectivement le plus lointain.

Tout se passe comme si l'auteur narrant de l'âge adulte et l'auteur narré de l'enfance puis de l'adolescence[32] ne disaient pas tout à fait la même chose sur le problème textuellement soulevé du rapport entre l'écriture et la vie. Le premier croit avouer explicitement que son éloignement nostalgique de la réalité provient de sa condition d'écrivain : et il estompe, ce faisant, les marques de la réalité dans le signifiant. Mais l'enfant, révélateur d'un secret qu'il *doit* ignorer, n'est-il pas le lieu de l'affirmation contraire, dans un implicite qui procède des événements de la fiction ? Comme si l'écrivain-narrateur faisait en sorte que seule la réponse la moins inavouable nous fût donnée ostensiblement… C'est lui, ne l'oublions pas, qui répartit l'information entre l'histoire et le discours qui la prend en charge.

Il faudrait certes nuancer cette dichotomie que nous forçons peut-être un peu ici pour les besoins de la clarté. D'une part, la distinction entre faits de discours ou de narration et faits de diégèse (l'histoire, la fiction) n'est pas toujours, dans la pratique, aussi nette qu'on le

---

31. *Rue Deschambault.*

32. La différence souvent invoquée entre les deux instances d'un même « je » se trouvera éclairée par Léo Spitzer, « Le style de Marcel Proust », dans *Études de style,* Gallimard, 1970, p. 451 (Spitzer parle du « Moi narrateur » et du « Moi de l'action ») ; par les remarques de Gérard Genette sur le récit « autodiégétique » dans « Discours du récit », *in op. cit.,* p. 251-261 ; et chez Jean Starobinski opposant, dans un seul je « constant », le « moi révolu », au « je actuel » (*La Relation critique,* p. 92).

voudrait ; de l'autre, elle s'avère même plus malaisée si l'on parle de régulation discursive par opposition à la sélection paradigmatique des contenus, les deux ordres de décision relevant, en dernière analyse, du même écrivain. Il faut donc prendre garde d'hypostasier ce qui n'est, après tout, que catégories sémiologiques. Il reste – et là réside l'essentiel – que l'écriture a précisément cette aptitude de transposer des conflits de nature non linguistique selon le mode d'existence interfonctionnel des diverses catégories du langage romanesque.

Insistons encore une fois sur ceci : dans les deux ouvrages de Gabrielle Roy, l'éclosion de la vocation d'écrivain est explicitement donnée comme liée à la découverte du monde. Sans exagération, il n'est question que de voyages dans ces textes : voyages réels relatés par un tiers ou faits ou projetés par l'héroïne, voyages imaginaires, besoin incoercible d'évasion, curiosité passionnée envers d'autres horizons, etc. Et la configuration sémantique « écrivain naissant » ne comprend pas uniquement l'intention déclarée, sans équivoque, de se vouer à l'écriture, elle embrasse tout ce qui exprime la prise de conscience multiple par Christine de la nécessité de s'exprimer, du pouvoir de l'imagination, de la richesse de la rêverie, de la valeur des mots. Devenir écrivain impliquerait donc une exploration simultanée du monde extérieur et de la vie intérieure, plus précisément : la découverte du monde dans la recherche de soi. On reconnaîtra l'auteur tout à fait attendu suivant le code culturel régnant, avant les remises en question contemporaines de la nature et de la fonction de la littérature.

Or la tension fiction-narration sera perçue plus nettement encore si l'on met en relation cet irrépressible désir de départ – non seulement chez l'héroïne mais chez presque *tous* les personnages, notons-le bien – avec les attributs déjà suggérés d'un signifiant qui, lui, ne comporte aucune rupture ni surprise, qui choisit plutôt de parler de façon neutre de la couleur rêvée ou perdue :

> Pour moi il me sembla que ce fût dès le lendemain le bel automne. Il ne m'attristait pas en ce temps-là. Les jours étaient courts, sombres souvent, mais nous entretenions un bon feu dans la maison, nous mangions de la tarte à la citrouille, nous épluchions des noisettes, du blé-d'Inde. Nous mettions aussi des tomates à mûrir au bord des fenêtres, et certains jours la maison entière s'imprégnait d'une odeur de marinades cuisant à feu doux en de larges bassines. On entendait la scie à bois chanter dans la cour ; son chant à deux tons, clair, puis grave quand il mordait le bois, me semblait nous promettre joyeusement : « Je vous coupe de belles bûches, pour tout l'hiver de belles bûches »[33].

Tout concourt dans ces quelques phrases à produire ce qu'on pourrait appeler un effet d'atténuation : les modalisants (« sembla », « semblait ») ; la valeur généralisante, presque abstraite des déterminants (un « *bon* feu », de « *belles* bûches » ne sont pas *ce* feu, *tel* feu, *ces* bûches, *telles* bûches) ; l'absence de figures (sauf « mordait » qui se détache un peu sur le fond) ; le vague de l'indication temporelle (« en ce temps-là ») ; enfin, la répétition, sans l'air d'appuyer, de la même forme verbale (« nous… nous… nous… nous… *aussi* ») suivie d'une clausule (… « et certains jours la maison ») parfaitement balancée. Le lecteur aura peut-

33. *La Route d'Altamont*, p. 41.

être déjà remarqué dans *La Route d'Altamont* et *Rue Deschambault* la fréquence de l'adjectif « petit » et des modalisants (« un peu », sembler, paraître). Mais il y a plus. Tandis que l'auteur-narrateur de l'âge mûr reprend à son compte et confirme par ses intrusions (notamment dans *La Route d'Altamont*) la vision de l'écriture comme expression de soi et représentation du monde qui semble habiter les rêves de l'enfant, certains événements engagent une autre vision, radicalement différente pour ne pas dire contraire : ce ne sont pas uniquement ces « signes sur le sable » que nous avons déjà évoqués, c'est bien plus et surtout la poupée de la grand-mère[34]. Faite des matériaux les plus épars revêtant soudain un usage nouveau, inattendu, elle offre une image saisissante du texte artistique[35] en ce qu'elle est, comme lui, objectale et opaque, et qu'elle suscite la même question : comment la grand-mère est-elle dans la poupée ? Comment l'écrivain est-il dans son texte ? L'expérience vécue par l'écrivain raconté déjoue d'avance la lecture référentielle provoquée par les signes de l'écrivain racontant.

Un signifiant actuel estompé et intimiste pour le désir manifestement signifié de la richesse du réel dans l'immensité de l'espace ; un second signifiant, mais rêvé celui-là, différé, en projet, qui pourra un jour être à la mesure de toute cette profusion (il a la figure de l'intention d'écrire de l'enfant) ; et en attendant, les « signes sur le sable » et la poupée de la grand-mère

34. *La Route d'Altamont* (« Ma grand-mère toute-puissante »).

35. La formule frappante de François Ricard au sujet de *Rue Deschambault* : « un discours figuré sur les conditions de l'écriture », acquiert ici une portée quasi littérale (*Op. cit.*, p. 100).

dans leur intransitivité… L'auteur-narrateur nous signale ainsi par la fiction de son enfance, et l'attitude qu'il a envers elle, les difficultés et les limites de son écriture *présente*, de toute écriture peut-être. Cela permet en outre de vérifier – ne serait-ce que superficiellement car le nombre de romans faisant l'objet de ce travail interdit l'analyse prédicative – que l'unité profonde d'un texte n'est nullement fonction de son homogénéité. Au contraire. Et ajoutons que le chemin analytique vers l'unité intuitionnée à la lecture passe aussi par les signes absents, par tout ce non-dit qu'implique le système de ce qui est dit : l'absence est également signifiante. Dans *La Route d'Altamont* et *Rue Deschambault*, le signifiant atténué et unitonal, en même temps qu'il contredit la diversité brillante et chaude dont rêvent les personnages, confirme et sanctionne les blancs du récit. Voilà, en effet, un écrivain qui, faisant mine de se voir comme enfant, adolescente et jeune fille prédestinées à l'écriture, dote son personnage de tous les traits obligés selon le modèle reçu : sensibilité et imagination vives, don d'intuition, introversion, etc. Or ces dons, si l'on peut dire, s'exercent à vide : ils ne nourrissent aucune révolte, ils semblent ne rien deviner du roman familial, ils ne réussissent à avouer aucune sexualité. Tout est à la fois idyllique et parfaitement égal : il n'y a que cette grande faim de départ et de pluralité qui les mobilisent tous, et ce fantasme de la hauteur sur l'horizontalité sans limites. Une écriture neutre complice de l'absence. Celle-ci a une autre face visible : la prédominance marquée des valeurs de la famille traditionnelle et leur représentation idéalisante à travers non seulement les attitudes des acteurs mais négativement par la prolifération exclusive, sans contrepartie, des sèmes de la douceur, de la bonté, de la joliesse touchante, de l'attendrissement, de la tristesse résignée. Tout un monde bien tenu de filles dociles et de femmes dévouées : institutrices, religieuses, etc., réunies pour la fête des Mères. Mais le texte signale déjà une fissure, vite obturée : « Rien ne me paraissait aussi étonnant alors que ce goût de partir qu'éprouvaient chez nous les vieilles gens[36] ». L'enfant a beau invoquer le froid, la maladie, il y a dans cet énoncé quelque chose d'atroce, compte non tenu de l'humour noir involontaire.

Toutefois, le narrateur veille… Le « je », en se dédoublant, ouvre immanquablement un écart entre ses deux instances : comme des miroirs opposés, elles échangent leurs reflets. Au long des relais narratifs, en un jeu subtil, l'auteur présent réfléchit l'enfant passé et l'enfant passé réfléchit simultanément l'auteur présent. Les deux images, en revanche, ne coïncident pas. Par son obsession du départ et de l'ailleurs, l'enfant fait signe au non-dit de l'adulte, déjoue sa censure. Dans le présent de l'écriture, l'adulte se désire comme un enfant qui le révélera malgré lui. Sans qu'il soit jamais question des pourquoi et des raisons, Christine sait bien qu'avant même qu'elle ne rêve d'écrire, la vie était absente, le monde, son monde, pâlissait d'un manque essentiel, à charge pour l'auteur, qui ne s'en prive pas, de brouiller les rapports ou plutôt de les renverser, de poser la vocation d'écrivain comme origine, commencement absolu, et l'éloignement du réel comme conséquence :

---

36. *Rue Deschambault*, p. 196.

> Je fus quelque temps encore à l'aise dans la vie… non pas un peu de côté. Et puis, après, rarement ai-je pu y revenir tout à fait […][37].

Les embrayeurs « encore », « après », « rarement », rappelons-le, n'ont de sens ici que par rapport à l'écrivain de l'énonciation (le narrateur). Entre ce dernier et l'écrivain de l'énoncé (Christine), entre l'adulte racontant et l'enfant-personnage confondus en apparence seulement sous un même « je », entre le « moi actuel » et le « moi révolu », il y a bien plus qu'une distance temporelle. Quand un écrivain se dédouble ainsi, sans doute veut-il paradoxalement se ressaisir et s'éprouver dans l'unité, mais le texte, lui, par le jeu des codes qui lui sont à la fois extérieurs et immanents, souligne comme à plaisir les blancs, les écarts, les contradictions qui témoignent de l'unité perdue.

L'ÉCRITURE ET L'INSTANCE MATERNELLE

On s'étonnera que le projet d'écriture comme figure explicite du départ passe constamment par l'instance maternelle et cela dans une ambiguïté singulière puisqu'il s'y oppose et en est complice simultanément. « Maman, dit Christine, […] aimait pourtant elle aussi l'aventure[38] »… Le mot « aventure » revient souvent dans ces textes de Gabrielle Roy, et l'une de ses occurrences est le fait de la mère : « Avant d'être tout à fait vieille, peut-être que je voyagerai, que je vivrai quelque

37. *La Route d'Altamont*, p. 233. À rapprocher de l'affirmation de la mère dans *Rue Deschambault* : « Écrire, me dit-elle, est-ce que ce n'est pas en définitive être loin des autres… être toute seule, pauvre enfant ! » (p. 246).

38. *Rue Deschambault*, p. 59.

aventure[39] »… La mère et la fille vont ensemble en Saskatchewan (« Pour empêcher un mariage »[40]) et même au Québec (« Les déserteuses »[41]). Ces « voyages » les unissent en une touchante complicité. On dirait même qu'elles échangent leurs signes : Éveline rajeunit[42], Christine se pose des questions d'adulte : « Est-ce qu'on ne le sait pas pour sûr, quand on aime ?[43] ». Parce que les fils se croisent et se mêlent dans la trame textuelle, la mère finit, sans qu'il y ait rupture, par se substituer à Christine et à évoquer elle-même, comme de l'intérieur, le destin de l'écrivain :

> Écrire […] c'est dur […] N'est-ce pas se partager en deux, pour ainsi dire : un tâche de vivre, l'autre qui regarde, qui juge […] D'abord, il faut le don […] mais peut-être faudrait-il dire : le commandement […] Je pense que les autres ne le pardonnent jamais. Ce don, c'est un peu comme une malchance qui éloigne les autres, qui nous sépare de presque tous…[44]

D'une part, il y a bien un reproche voilé dans ces paroles : pourquoi vouloir être malheureuse ? Mais de l'autre, curieusement, elles expriment tout à fait ce que la jeune fille elle-même ressent : « Je tâchais de me retenir à quelque chose, hier familier pourtant, en ce monde qui se dérobait[45] ». Aussi bien l'ambiguïté se répercute à d'autres plans. Un personnage de fiction

---

39. *Ibid.*, p. 100.
40. *Ibid.*
41. *Ibid.*
42. « Et je m'aperçus combien maman rajeunissait en voyage », *ibid.*, p. 113.
43. *Ibid.*, p. 65.
44. *Ibid.*, p. 246.
45. *La Route d'Altamont*, p. 234.

peut se trouver dénoté, marqué comme mère, sans l'être fonctionnellement. Peut-être arrive-t-il dans les romans que les enfants engendrent leurs parents. Voilà des récits de la vie de famille[46] où le non-dit du roman familial et le non-dit de l'évasion s'accompagnent du sur-dit de la mère, non comme un obstacle attendu, mais comme une sorte de réitération assourdie et attristée de l'enfant. « Comment maman pouvait-elle dire si juste ? À mesure qu'elle parlait, ce qu'elle disait je le sentais vrai, et déjà comme enduré[47] ». (Sans doute tout cela fait-il surgir immanquablement la figure du père, la moins présente dans ces textes[48], donc peut-être, à cause de cela même, la plus signifiante).

Certes, le fait que la mère et la fille échangent leurs signes, que la fille, à son tour, semble engendrer sa mère (à l'instar de l'auteur produisant son texte…) ne permet pas de conclure qu'elles coïncident exactement. Il subsiste au contraire une différence fonctionnelle que rien ne saurait révéler plus finement que le très beau récit de *Rue Deschambault* intitulé « La voix des étangs ». Un jour de printemps, Christine, seule au grenier, écoute chanter les grenouilles de l'étang voisin. « Les grenouilles avaient enflé leurs voix jusqu'à en faire, ce soir-là, un cri de détresse, un cri triomphal aussi[49] ». Ce sont les voix du monde, tel un « pays qui s'ouvrait devant moi, immense, rien qu'à moi et cependant tout entier à découvrir[50] ». Et soudain, Christine

---

46. On notera la fréquence élevée du syntagme « chez nous » dans *Rue Deschambault* et *La Route d'Altamont*.

47. *Rue Deschambault*, p. 246.

48. Ce père toujours en voyage, jamais à la maison…

49. *Rue Deschambault*, p. 244.

50. *Ibid.*, p. 244.

sent monter en elle, accordée à ce concert qui est aussi un appel, la certitude qu'elle deviendra écrivain. Mais voilà que la mère surgit avec de doux reproches : « Pourquoi t'enfermes-tu toujours ici ? Ce n'est pas de ton âge[51] ». Alors « le chant des étangs faiblit »… Quand la mère parle, le monde ne parle plus. Écrire, c'est donc *aussi* quitter sa mère. Mais c'est en même temps se mettre par elle à la recherche de la filiation et de l'origine[52]. Nous ne *venons* pas de nos parents, nous *devenons* nos parents :

> À celle qui nous a donné le jour, on donne naissance à notre tour quand, tôt ou tard, nous l'accueillons enfin dans notre moi. Dès lors, elle habite en nous autant que nous avons habité en elle avant de venir au monde[53].

LES DEUX FORMES DE L'AILLEURS

Plusieurs des éléments que nous venons de dégager s'articulent avec une netteté remarquable dans « La route d'Altamont », le récit qui clôt le recueil de 1966 et lui donne son titre. Si l'écart entre l'auteur et son personnage s'y trouve moins accusé (du point de vue temporel d'abord : Christine devient une jeune femme, elle est institutrice, etc., mais surtout à cause du statut flottant du sujet même de l'énoncé : de qui vraiment est-il question ?), en revanche les rapports écriture-départ-instance maternelle sont exprimés avec une grande cohérence malgré leur complexité.

---

51. *Ibid.*, p. 245.
52. « Et si c'est cela la vie : retrouver son enfance ? » (*La Route d'Altamont*, p. 207).
53. *La Route d'Altamont*, p. 227.

À un premier niveau, celui de la face institutionnelle, socio-culturelle des signes, la mère, comme il se doit, est hostile au départ de son enfant pour la lointaine Europe : « Si tu veux écrire, tu n'as pas besoin pour cela de courir au bout du monde[54] ». Jouent ici non seulement la vraisemblance (les mères veulent garder auprès d'elles leurs enfants, etc.) mais aussi, par le détour des prédicats narratifs (les comportements des personnages), un autre type de motivation invoquant l'histoire réelle : le refus de la mère réitère celui de la grand-mère « entraînée dans l'aventure de l'Ouest[55] », à laquelle on imposa jadis de quitter le Québec et d'émigrer au Manitoba. Mais Christine, elle, s'identifie à ce grand-père aventureux qui sut arracher l'adhésion de sa femme :

> Peut-être, malgré tout, n'étions-nous pas si loin l'un de l'autre, le pionnier attentif à l'appel d'un pays à créer, et moi qui, des pays jeunes et informes encore, entendais celui des villes exigeantes[56].

Sur fond d'un signifiant en sourdine, figure verbale d'un non-énoncé lié à une situation familiale et sociale concrète (que l'écart entre l'auteur et son double-enfant cherche à dire sur son propre plan), voici que le projet d'écriture-départ, comme condition du signifiant plus riche d'une vie autre se voit en outre « cadré » et « dramatisé » par le hors-texte. Il est lisible ici :

1. dans le code idéologique : la bonne mère n'aime pas que ses petits s'en aillent. Elle incarne l'enracinement, la permanence, contre

54. *Ibid.*, p. 238.
55. *Ibid.*, p. 228.
56. *Ibid.*, p. 242.

l'errance des hommes. Mais il y a les « pays neufs » et aussi les « pionniers », etc. ;

2. dans le code littéraire : la jeune héroïne doit résoudre le conflit des générations en allant elle-même s'éprouver et se parfaire dans le monde : c'est le *Bildungsroman* ;

3. dans l'immixtion de l'histoire événementielle : le peuplement de certaines régions du Manitoba, au début du dix-neuvième siècle, par des colons francophones venus du Québec.

Mais on aurait tort d'attribuer à ces codes une surdétermination ultime comme si, en dernière analyse, ils achevaient et subsumaient un texte dans lequel il aurait été possible, en un premier temps, de repérer certaines marques implicites d'une sorte de vouloir-dire individuel. Les signes n'ont pas qu'un versant institutionnel. La mère, par exemple, a un second visage : nommons-le Éveline puisque aussi bien elle s'appelle ainsi. Autour de l'écriture-aventure s'instaure entre Éveline et Christine, comme nous l'avons déjà vu, une complicité et un transfert réciproque de signes malgré et à travers la reprise en texte des codes sociaux. Mais ce n'est pas assez dire. Dans la mesure même où une certaine quête fervente de l'ailleurs joue dans ces textes comme une figure du vouloir-écrire, Éveline est *également* un écrivain. Elle cherche avec obstination dans la plaine étale (sa vie ?) l'accident, la surprise que constituent les collines d'Altamont, surgies inopinément dans un labyrinthe de routes trompeuses qu'on doit chaque fois retrouver tel le chiffre perdu. La mère et la fille veulent toutes les deux partir. Ce qui oppose Éveline à Christine, c'est le statut et la fonction de l'ailleurs. Pour Éveline, l'horizon manitobain sans obstacles est paradoxalement étouffant ; c'est dans le lieu secret entouré de collines, haussements d'épaules soudains de la prairie, que s'abolit la clôture. À Altamont, Éveline cherche une ouverture sur l'origine, ces collines du Québec dont elle a la nostalgie :

> — Dans toute cette plaine immense, comment se fait-il, Christine, que Dieu n'a pas songé à mettre au moins quelques petites collines ?
>
> De celles où elle était née dans la vieille province de Québec, elle nous avait depuis ces dernières années beaucoup parlé[57]...

Mais Christine, en revanche, « aimait passionnément [les] plaines ouvertes[58] ». Curieusement, l'infini vide semble s'offrir à elle comme un référent plein, multiple, saturé. C'est qu'il est peuplé, comme on l'a vu, par les êtres et les choses convoqués des lieux situés au-delà de l'horizon. Et le départ vers l'Europe que projette Christine n'a pas pour objet le passé mais plutôt un surcroît de présent. Le référent manitobain revêt donc à son tour l'ambivalence constatée tout au long de ces pages : vécu comme vide chez Éveline qui rêve d'un retour vers l'origine et la diversité des choses, mais voulu comme plein par Christine en voyage vers son unité dans le présent des signes.

Comment ne pas deviner dans Éveline, à la fois mère dénotée et enfant connoté, un des « possibles » de l'auteur ? Le rapport d'Éveline au Québec évoque,

---

57. *La Route d'Altamont*, p. 189.

58. *Ibid.*, p. 191. Le texte ajoute : « Cette absence de secret, c'était sans doute ce qui me ravissait le plus dans la plaine ». On sait à quoi s'en tenir sur cet amour trop avoué d'un lieu qu'on ne pense qu'à quitter. Au surplus, il y aurait lieu de faire un rapprochement instructif avec *La Montagne secrète*...

semble-t-il, celui d'un écrivain québécois envers la France : lieu non pas d'un actuel à vivre, à posséder ; mais source brouillée où gisent obscurément les réponses aux énigmes de la vie présente[59]. En revanche, on dirait que Christine aborde l'ailleurs à la manière des écrivains américains, tournée vers ce que Lukács nommait « la totalité extensive de la vie[60] ». Il n'est certes pas indifférent qu'un auteur soit né et ait vécu ses années de formation au Manitoba. Éveline, mère-enfant, et Christine, enfant-mère, sont comme la figuration des deux pôles d'une même écriture. Ou, pour exprimer les choses autrement, faisons l'hypothèse chez Gabrielle Roy d'un *vouloir-dire* tendu sans détour vers l'immédiateté et la multiplicité de la vie qui se trouverait cependant médiatisé par l'emprise unifiante de la culture québécoise traditionnelle[61], en somme par un *pouvoir-dire.* Nous aurions là deux conceptions du temps, de l'espace et même de l'histoire. Il en résulterait un DIT tel que celui dont nous

---

59. Se rappeler à ce propos le voyage à Paris, dont nous parlerons plus loin, du héros de Jean Simard dans *Mon fils pourtant heureux* (1956). On trouvera des aspects du caractère fortement ritualisé du voyage à Paris dans *Solitude de la chair* de Charles Hamel (1951) ainsi que dans les deux romans de Gilbert Choquette : *L'Interrogation* (1962) et *La Défaillance* (1969).

60. Nous rencontrons ici, par des voies autres, un phénomène observé par Jean-Charles Falardeau dont fait état J.-S. Tassie, « La société à travers le roman canadien-français », dans *Le Roman canadien-français,* Archives des lettres canadiennes, Fides, 1971, p. 163 : « J.-C. Falardeau a dit en effet que la littérature est "verticale" au Canada français tandis qu'elle est "horizontale" au Canada anglais ». Cette idée est développée dans *Notre société et son roman,* p. 58 et suivantes.

61. Un groupe transplanté peut avoir tendance, du moins dans les premiers temps, à affermir les valeurs désormais menacées de la société d'origine.

n'avons cessé de relever le trait marquant au cours des pages précédentes : ce texte apparemment lisse, travaillé sur tous les plans par la cassure, la faille : entre l'expression et le contenu, entre le narrateur et son personnage, entre l'expliqué et l'impliqué. Et on remarquera ici encore combien les phénomènes observés dans la substance même du récit (actions et paroles des personnages, structure de leurs relations, absence ou présence de ce qu'elles supposent) trouvent leurs répondants et comme leur caution dernière la plus générale dans les phénomènes du discours : caractère du signifiant et position du narrateur.

CHAPITRE III

ROMANS DU CODE ET ROMANS DE LA PAROLE

En replaçant et « faisant jouer » *fonctionnellement* Christine, personnage-écrivain de Gabrielle Roy, dans l'ensemble logico-discursif du texte, puis en cherchant à rendre compte de quelques propriétés structurelles de cet ensemble ainsi mises à jour par le recours, sous forme d'hypothèses, au hors-texte, on a procédé de la même façon qu'avec *Au pied de la pente douce* de Lemelin. Ce dernier roman, au surplus, a permis d'illustrer au chapitre I certains des problèmes de portée théorique et générale posés par notre travail. Dans les deux cas, le contexte extratextuel a été invoqué comme « raison dernière » : chez Gabrielle Roy, l'expérience manitobaine[1] de la multiplicité et de la liberté de l'Amérique dans les années trente et quarante *versus* l'influence unificatrice de la mentalité québécoise ; chez Roger Lemelin, le statut social de la littérature au Québec en 1944.

Bien que cet essai, globalement, soit autant d'inspiration narratologique que sociohistorique mais dans la mesure précisément où l'ensemble des remarques faites jusqu'ici sur des œuvres de Gabrielle Roy et de Roger Lemelin constituent une certaine étude du discours, il semble qu'on doive accorder quelque crédit au point de vue de Michel Zéraffa selon lequel il ne

---

1. Il y aurait avantage, sous ce rapport, à tenir compte des récits de *La Petite Poule d'eau*, Beauchemin, 1950.

faudrait pas hésiter à parler d'une « mutation du langage social en formes narratives[2] ». Toujours d'après Zéraffa,

> l'une des plus solides bases d'un examen sociologique du roman consiste à prendre en considération le problème du point de vue narratif [...] Il convient de suivre les attitudes successives prises par les romanciers en tant que narrateurs[3].

Un exemple inégalable de cette approche demeure l'analyse faite par Lukács dans *La Théorie du roman*[4] de *L'Éducation sentimentale.* Dans le texte : fragmentation de la temporalité, omission des liens syntactiques de consécution et de causalité, non-motivation des occurrences et des actions des personnages ; dans le hors-texte : toute une génération dont la ferveur et les idéaux se sont dégradés et brisés lors du passage de 1848 au Second Empire. Certes, il faut reconnaître ici (tout comme dans nos deux modestes commentaires) une sorte de saut épistémologique du texte au contexte, du discours littéraire au discours social. On ne saurait l'éviter, semble-t-il, sans en payer le prix, à l'instar du Goldmann du *Dieu caché* : en rendant le texte littéraire homogène au texte du groupe par la seule prise en charge de la forme de leurs contenus, Goldmann renonce effectivement au plan du discours (et du langage)[5].

---

2. Michel Zéraffa, *Roman et Société,* P.U.F., 1971, p. 62.
3. *Ibid.,* p. 41.
4. Georges Lukács, *La Théorie du roman* (traduit de l'allemand), Gonthier, 1968, p. 123-128.
5. Sur divers aspects de la question, voir notre article, « Conditions d'une sociocritique », *Liberté,* n° 111, mai-juin 1977, p. 111-117.

Sur un plan plus général, comment ne pas être frappé par l'opposition extrêmement accusée que nous avons déjà mentionnée entre la Christine de Gabrielle Roy et le Denis Boucher d'*Au pied de la pente douce* ? On dirait qu'ils deviennent l'envers l'un de l'autre. Le destin de Denis Boucher est lié à la dimension institutionnelle de la littérature. Celle-ci implique non seulement ce qu'on rassemble ordinairement sous le vocable « appareil » : l'école, la critique et son langage, les éditeurs, le marché et le public, les prix littéraires, mais aussi l'ensemble des règles de production et de lecture des discours littéraires. Dans ce sens, l'institution est elle-même partiellement langage et discours. La littérature, on l'a déjà vu, appartient dans *Au pied de la pente douce* à une chaîne de signifiés où dominent l'énergie, la force, la montée, la domination, la haute-ville. Puisqu'elle doit favoriser l'ascension sociale, les modèles que refuse le texte coïncident avec ceux qui seraient inacceptables au groupe social hors texte : l'abbé Charton comme stéréotype populaire du poète et surtout Jean Colin comme tentation de la vie intérieure. L'idéologique se déguise sous le vraisemblable. La littérature dans cette perspective est d'abord un acte ; elle demeure en quelque sorte extérieure à l'écrivain, son salut personnel n'y est pas engagé. Il ne s'agit pas, pour employer le langage de Lukács, de la « totalité intensive » de son intériorité.

Christine, en revanche, vit la littérature tel un fait de pure subjectivité. Certes, écrire n'est pas refuser le monde dans la mesure où, pour elle, il est désir du monde, inséparable de ce sentiment d'ouverture, de cette attente imprécise propres à la jeunesse. Il conviendrait d'ailleurs de parler plutôt d'un projet d'écriture envisagé à la façon d'un vecteur ou mieux d'une tension vers les autres et la vie. Or tout cela est simultanément éprouvé par Christine dans la solitude de la rêverie et de l'introspection. Ici, la recherche des racines, de l'appartenance, en un mot d'une SOCIALITÉ profonde, passe par le VOYAGE INTÉRIEUR. En outre, de manière en vérité toujours indirecte et allusive, *Rue Deschambault* et *La Route d'Altamont*[6] s'approchent beaucoup plus près que le roman de Lemelin de la réalité proprement esthétique de la littérature comme en font foi ces « signes sur le sable » et l'épisode de la poupée de la grand-mère dont nous avons déjà amplement fait état. Il reste que la toute-puissance créatrice de la grand-mère ainsi que la toute-puissance de l'imagination de Christine cherchent à se déployer dans un milieu où, semble-t-il, la littérature écrite[7] n'a aucune fonction. Voilà une société (dans le texte) où, à l'encontre d'*Au pied de la pente douce,* il n'est jamais question de littérature. L'héroïne a beau vouloir à toute force devenir auteur, la vraisemblance n'autorise pas, semble-t-il, qu'on y écrive effectivement, qu'on fasse des références à des lectures, des écrivains, des titres d'ouvrages, des événements littéraires… Au surplus, en comparant *Rue Deschambault* et *La Route d'Altamont* à *La Petite Poule d'eau,* on se rend compte que l'émergence du besoin signalé d'écrire dans les deux premiers

---

6. On nous permettra de souligner encore une fois que *Rue Deschambault* (1955) et *La Route d'Altamont* (1966) gagnent selon nous à être rapprochés, malgré leurs dates de parution, des romans québécois de la période 1940-1955 parce qu'ils achèvent le cycle inauguré par *La Petite Poule d'eau* en 1950 et caractérisé 1) par le même type de discours ; 2) par le même référent intratextuel, la vie au Manitoba.

7. Il convient de souligner, au contraire, l'importance dans ces textes de la tradition orale. Sur les nombreuses références à la littérature dans *Au pied de la pente douce,* voir plus haut le chapitre I.

s'accompagne d'une certaine déréalisation[8] du signifiant ; *La Petite Poule d'eau* apparaît en effet plus « réaliste », plus pittoresque, recourt par exemple volontiers aux idiolectes (anglicismes, etc.). Chez Christine, la littérature ou plutôt l'écriture, en tant qu'elle se veut intériorisation de l'extériorité, éloigne le réel tout en voulant le posséder.

Il y a peut-être quelque inconvénient méthodologique à confronter, comme nous le faisons, les acteurs de romans qui n'ont pas paru au même moment et dont les référents internes sont en outre si éloignés : la ville basse à Québec et le Manitoba. Mais on souhaiterait que cette opposition fût jugée à sa valeur opératoire.

D'un côté, c'est comme si la littérature n'avait et n'était qu'une fonction sociale. Le personnage-écrivain réitère dans la société intratextuelle, de manière positive ou négative, le statut effectif de la littérature dans la société réelle, c'est-à-dire le rôle et la place que lui assigne le code social. Cette reprise en texte de l'institution donne à la limite des romans de la vie littéraire, non de l'écriture. On remarquera qu'il y est peu question de la littérature en tant qu'entreprise esthétique où le langage est d'abord voulu pour lui-même et dont l'issue apparaît liée de façon essentielle au destin d'un sujet. Le code littéraire lui-même n'est pas délibérément transgressé car il tend à se subordonner au code social (« bien » écrire = réussir). S'il l'est, ce sera précisément pour mieux se conformer à ce dernier[9].

8. Il ne s'agit pas, on l'aura compris, d'un jugement de valeur.

9. Par exemple, ainsi qu'on l'a vu au chapitre I, dans la rivalité Denis Boucher-Jean Colin, la victoire trop décisive du plus fort

Appelons ROMANS DU CODE tous ceux où la position du personnage-écrivain dans le récit et celle du narrateur dans le discours signalent la dominance du rapport de la littérature au contexte social.

À l'autre pôle, nous avons la littérature comme pure parole ou, mieux encore, comme pure *intention* de parole. Le référent interne la dispense de tout cadre institutionnel, de toute assise collective. On dirait une émergence limpide doublant en quelque sorte la solitude du sujet. Certes, il y a là un leurre : le code social s'autodésigne par l'absence même de répondants intratextuels apparents. Le vraisemblable n'est pas facultatif ! Poser un personnage-écrivain en éludant l'institution, cela équivaut à parler d'un musicien sans partitions et sans concerts, voire sans instrument ! Pourquoi ? S'agirait-il de signifier le besoin de s'exprimer à travers l'impossibilité ou même l'inexistence de la littérature ? À cet égard, la position du narrateur-auteur s'avère singulière : saurait-il mobiliser les ressources du code littéraire au service d'un écrivain fictif dont le dire ne reconnaît aucune détermination objective ? Puisque écrire = s'exprimer = se sauver, on conçoit que leur prise en charge par le discours fera mine de ne pas interposer trop fréquemment les signaux de l'institution[10]. Pourtant, celle-ci, à l'instar

(Denis) sur le plus faible (Jean) : *écart* par rapport au code littéraire qui a pour effet de rendre la littérature plus acceptable selon un code social.

10. Ceci est facilité, par exemple, par le recours au journal intime qui peut, sans heurts, prolonger ou adopter le mouvement du monologue intérieur. Le narrateur ne se trouve pas ainsi dans l'obligation de commenter ou de faire commenter un roman que le personnage-auteur serait en train d'écrire, sa forme, les problèmes

de l'idéologie, est la condition même de l'expression, de la prise de parole. Là où elles surgissent sans fondements explicites, où leurs conditions semblent se dérober, on constatera la prédominance du rapport de la littérature au sujet. Nous aurons dans ce cas le ROMAN DE LA PAROLE.

La remarque suivante d'André Brochu vaut avec une égale pertinence pour les deux espèces de roman : « Nous découvrions, au début des années '60, que notre littérature "disait" quelque chose, et ce quelque chose avait trait au vécu individuel et collectif. *Elle n'était pas expérience du langage, mais langage du vécu*[11] ». Le roman de « l'expérience du langage » ne sera ni le roman du code ni celui de la parole, mais le ROMAN DE L'ÉCRITURE. C'est lui en effet qui, à « l'ère du soupçon » (à partir de 1965), dépassera l'opposition, d'une part en assumant les codes littéraires et sociaux pour les jouer et aussi les déjouer, de l'autre en liant sa réussite non plus à la franchise du sujet ou à l'authenticité du vécu mais aux exigences d'un langage[12]. À ce dernier stade, l'institution n'est jamais « naïve » et la sincérité est toujours suspecte…

Loin de nous l'intention d'établir une stricte typologie ! La distinction roman du code/roman de la parole ne vise, en tenant compte de traits dominants, qu'à mieux saisir la fonction du personnage-écrivain dans le roman québécois d'une certaine période. Elle a

---

qu'il pose, la conception de la littérature qu'il implique, etc. Le procédé a été utilisé, entre autres, par Robert Élie dans *La Fin des songes* (1950) (journal de Marcel).

11. André Brochu, *L'Instance critique, 1961-1973,* Leméac, 1974, p. 83. (Les soulignés sont de nous).

12. C'est toute la différence entre *vivre l'écriture* et *écrire la vie.*

donc une portée limitée. Même dans le champ restreint où elle s'applique, on ne trouvera pas, comme il se doit, de formes tout à fait pures. Par ailleurs, l'un et l'autre dénotent, chacun à sa façon, le statut incertain, précaire de la littérature dans la société réelle.

1. LES ROMANS DU CODE

Les romans du code motivent le rapport du héros à la littérature par la mise en relief des codes sociaux et culturels qui régissent la société fictive et qui ne peuvent être perçus et compris que par référence, à travers le discours, au contexte social et historique. La notion nous sera d'abord utile dans l'examen des œuvres subséquentes de Lemelin.

DENIS BOUCHER (SUITE)

Denis Boucher reparaît comme on sait dans les autres romans[13] de Lemelin, chaque fois pourvu d'un rôle important. Et chaque fois aussi, il forme une sorte de système en équilibre avec un *alter ego*, un double, les deux termes se transformant d'un roman à l'autre :

SÉRIE « A »	SÉRIE « B »
Denis Boucher (1)	Jean Colin *(Au pied de la pente douce)*
Denis Boucher (2)	Ovide Plouffe *(Les Plouffe)*
Denis Boucher (3)	Pierre Boisjoly *(Pierre le magnifique)*

13. *Les Plouffe*, Cercle du livre de France, CLF poche canadien, 1968 (Bélisle, 1948) ; *Pierre le magnifique*, Cercle du livre de France, CLF poche canadien, 1971 (Institut littéraire du Québec, 1952).

À mesure que nous avançons dans l'œuvre de Lemelin, Denis Boucher est de moins en moins explicitement marqué comme écrivain (sans du reste le demeurer sur le plan connotatif). Dans *Les Plouffe,* il se fait journaliste puis abandonne « le roman qu'il avait commencé[14] ». On le retrouve, dans *Pierre le magnifique,* oisif, semble-t-il, et, transformation non négligeable, signalé tout au long du texte comme un intellectuel au cynisme mal assuré. Mais une chose paraît certaine : il n'écrit plus. Sa position envers le milieu intratextuel évolue également : *Au pied de la pente douce* : sentiment ambivalent de supériorité-rejet et d'appartenance ; *Les Plouffe* : distance de l'ironie appuyée et choix lucide d'un autre milieu : « Je serai avec les forts[15] » ; *Pierre le magnifique* : détachement, retraite, tour d'ivoire de celui qui croit être revenu de tout[16].

La démobilisation littéraire progressive de Denis Boucher s'accompagne toutefois d'une efficace grandissante dans le récit (intrigue, autres personnages, etc.). Déjà capital dans *Au pied de la pente douce,* son rôle devient plus déterminant encore avec *Les Plouffe* : c'est lui qui par ses paroles tout autant que ses articles[17] provoque les péripéties au terme desquelles Théophile Plouffe perdra son emploi[18] et Ovide quittera le monastère[19] ; ces événements modifient en profondeur la

14. *Les Plouffe,* p. 256, 331.
15. *Ibid.,* p. 256.
16. À trente ans !
17. Sur le rôle d'influenceur, voir plus haut le chapitre I.
18. Cet épisode occupe une grande place dans *Les Plouffe,* p. 135-196.
19. *Ibid.,* p. 211, 271, 284, 308, 335. – La formulation de Falardeau : « [l']effacement graduel [de Denis Boucher] devant un autre

vie d'une famille et le destin des protagonistes. Voilà donc un personnage d'autant plus agissant qu'il est moins écrivain. Mais de quasi-*deus ex machina* qu'il est déjà chez *Les Plouffe,* Denis Boucher, désormais sans emploi social, devient en contrepartie dans *Pierre le magnifique* un véritable principe occulte : il apparaît rarement tout en agissant sur Pierre Boisjoly à son insu et en infléchissant, au mépris de la vraisemblance, ce que le texte nomme « l'inexorable mécanique des événements[20] ». C'est, toutes proportions gardées, Ferragus sous les traits d'un Arsène Lupin qui se souviendrait d'avoir, enfant, servi la messe.

Ajoutons que si Denis Boucher, dans *Pierre le magnifique,* semble plus lointain et comme dépourvu de dimension intérieure, cela est attribuable en partie au changement de perspective narrative. Pour la première fois, en effet, dans la série romanesque de Lemelin, le narrateur accepte de renoncer partiellement à son omniscience et tend à focaliser le récit sur un seul acteur, en l'occurrence Pierre Boisjoly[21]. Enfin, il est de moins

---

qui devient un double de lui-même et en qui finalement il disparaît », a le défaut, selon nous, de ne pas distinguer, dans le personnage, la qualification de l'opération (*Notre société et son roman,* p. 217-218).

20. *Pierre le magnifique,* p. 51. Pierre Boisjoly rencontre Denis Boucher trois fois seulement (p. 9, 62, 276), mais il s'agira chaque fois d'un tournant décisif. Dans les intervalles, Denis agit dans l'ombre (p. 78, p. 283). L'un des personnages, Fernande, affirme : « C'est Denis qui déclenche tout » (p. 76). « [...] à cause de lui, nos deux vies ont changé leur cours » (p. 240). On saisit mal la remarque de Michel-Lucien Gaulin au sujet de « la nonchalance dont [Denis Boucher] *fait preuve* dans *Pierre le Magnifique* ». (« Le monde romanesque de Roger Lemelin et Gabrielle Roy », dans *Le Roman canadien-français,* p. 141). (Les soulignés sont de nous).

21. Avec quelques paralepses inévitables, par exemple, p. 283 et p. 285.

en moins question de littérature. Dans *Les Plouffe,* par exemple, cela se réduit à peu de choses, mais, fait à souligner, le code demeure toujours explicite : « Denis Boucher [...] se nourrissait de Maurice Barrès[22] ». Et le rappel de Barrès, bien entendu, a ici une valeur thématique : il sied parfaitement aux images de force et d'énergie elles-mêmes liées au désir d'ascension sociale. Plus loin, c'est Rastignac qui sera évoqué : « Il serait bientôt célèbre. Québec scintillait au loin[23] », allusion à la scène qui clôt *Le Père Goriot.* En fait, le discours diégétique sur la littérature sera transféré à l'*alter ego* : Ovide pousse Denis à écrire, il le presse, insiste, revient sur la question[24]. Dans *Pierre le magnifique,* si Denis Boucher nomme *Le Rouge et le noir,* Julien Sorel[25], c'est uniquement à titre de prédicats de Pierre Boisjoly. Denis Boucher a cessé d'être un support de la littérature.

OVIDE PLOUFFE, ÉCRIVAIN (?)

Tandis que Denis Boucher s'éloigne de nous, que la fonction-écrivain lui est peu à peu retirée, qu'il devient de plus en plus actif et de moins en moins acteur (comme si AGIR et ÉCRIRE s'avéraient antinomiques), un autre personnage s'instaure progressivement. Le fait qu'il soit, au terme de la série « B »[26], le sujet de la focalisation discursive (Pierre Boisjoly) atteste l'ampleur croissante du déplacement. L'on s'aperçoit que le

---

22. *Les Plouffe,* p. 69.
23. *Ibid.,* p. 212.
24. *Les Plouffe,* p. 208, p. 277, p. 331, p. 338.
25. *Pierre le magnifique,* p. 67, p. 66. Denis Boucher est curieusement « doublé » par un autre personnage, l'abbé Lippé, lequel s'adresse ainsi à Pierre : « Va, nouveau Rastignac »... (p. 60), « Mon cher Rastignac »... (p 131).
26. Voir plus haut, p. 84.

rapport constaté dans *Au pied de la pente douce* entre l'exercice de la littérature et tout un champ métaphorique de la puissance, de l'énergie, de l'ascension, est en train de prendre une nouvelle forme. Ces signes émigrent graduellement vers l'autre pôle, et là nous n'avons plus affaire à un écrivain dénoté.

En vérité, Ovide Plouffe nous est donné comme malingre, d'apparence fluette ; il a le ridicule touchant des autodidactes naïfs et passionnés pour qui la musique et la littérature sont d'autant plus « hautes » qu'elles semblent promettre une compensation à leur chétive maigreur et à la petitesse de leur vie[27]. Mais Ovide ne mourra pas à l'instar de Gaston et de Jean Colin. Mais Ovide, contrairement à Jean Colin, finira par épouser la femme qu'il aime. Mais Ovide, enfin, malgré ses dehors risibles, est sensible, intuitif, et surtout lucide et exigeant, comme en font foi ses commentaires sur les actes et les motifs de Denis Boucher[28]. En somme, sur le plan diégétique et compte tenu de l'ensemble des indices de caractérisation, Ovide prolonge et développe Jean Colin avec cette différence notable qu'il répond peut-être encore mieux, vu précisément son ambiguïté, au code culturel ambiant.

Ovide pas comme les autres, seul contre la tribu, ne glorifiant pas comme elle la force ou l'argent, intransigeant, idéaliste, passionné d'art, c'est la reprise en texte, mais largement indexée cette fois, d'un type de jeune artiste ou intellectuel hérité sans doute du romantisme et qui, diversement modulé, connaît en-

---

27. *Les Plouffe*, p. 35, p. 301.
28. *Ibid.*, p. 200-210.

core une certaine fortune entre les deux guerres : Silbermann, Laurent Pasquier, à la rigueur l'André de *Si le grain ne meurt*, même les jeunes héros de Mauriac… Sa « textualisation » dans *Les Plouffe* le dialectise à la fois selon l'appartenance sociale et la mentalité québécoise des années quarante. Le ridicule d'Ovide – ici le discours du narrateur joue un grand rôle –, les moqueries dont il est l'objet[29], ne signalent pas que l'impossibilité pour un jeune prolétaire d'accéder à la création et à la culture[30] ; le détour discursif par la distance ironique, l'observation amusée, renvoie simultanément à l'attitude d'un milieu hors texte envers l'art (dont la littérature). La dualité d'Ovide fonctionne donc comme un effet de réel et « cite » à sa manière l'idéologie. Le côté authentique, idéaliste, passionné d'Ovide se trouve suffisamment marqué pour qu'on y lise une tentation de Denis Boucher et, en dernière analyse, un possible de l'auteur. Et cette fois-ci, Jean Colin ne mourra pas. Mais son revers pitoyable et risible, sans équivaloir à la mort, revient à dire qu'en raison du statut de l'art et de la littérature dans les faits, la tentation d'un engagement artistique profond doit, dans la fiction, être repoussée et sa possibilité même niée[31].

---

29. Ovide, « de qui il [Denis Boucher] avait intérieurement commencé à se moquer à dix-sept ans » (*Les Plouffe*, p. 196).

30. « […] le quartier pauvre, cimetière des rêves de toute une classe » (*Ibid.*, p. 43).

31. On est tenté de voir ici à l'œuvre ce que Fernand Dumont a appelé des « idéologies de pauvres ». Voir Fernand Dumont, « Vie intellectuelle et société, depuis 1945 : la recherche d'une nouvelle conscience », dans *Histoire de la littérature française du Québec*, tome III, p. 16.

C'est donc le référent social et historique qui, transposé suivant le code du genre, dicte ici la frontière du vraisemblable et ramène un VOULOIR-DIRE à un POUVOIR-DIRE, opposant l'écrivain connoté et personnage Ovide Plouffe à l'écrivain dénoté et non-personnage Denis Boucher. Effectivement, Jean Colin désormais vivra. Mais Denis Boucher ne finira jamais le roman commencé. Il semble que la littérature ne puisse pas être posée, affirmée simultanément dans son rapport à la société (et à la culture) et dans son rapport à un sujet. Il s'agira ou bien d'une écriture sans écrivain (le « pur » épanchement), ou bien d'un écrivain sans écriture (la seule dimension sociale). La coupure est lourde de conséquences. L'impossibilité où l'on se trouve d'associer les signes de la culture (ils ont toujours une portée sociale) à un acteur qui soit le sujet d'une représentation vraiment sérieuse, problématique, voire tragique (dirait Auerbach) a pour effet de maintenir la culture dans la distance[32].

Dans un texte ultérieur intitulé « Le chemin de croix »[33], Lemelin nous présente un nouvel Ovide, mais cette fois dans un milieu bourgeois :

> Ce soir-là, on inaugurait, par un vernissage, l'exposition des œuvres d'un jeune peintre québécois, Paul Lafrance, tout fraîchement arrivé de Paris, où il s'était appliqué, pendant trois ans, à imiter Picasso. Paul Lafrance mesurait environ six pieds et ne pesait pas plus de cent trente livres. Ses longs cheveux châtain terne, ses yeux bleu pâle, le sourire

32. Nous retrouvons ici, par un biais nouveau, un problème déjà évoqué au chapitre II et relatif à la lecture autobiographique des textes de Gabrielle Roy.

33. *Fantaisies sur les péchés capitaux*, Cercle du Livre de France, CLF poche canadien, 1969 (Beauchemin, 1949).

> sceptique du Parisien aux lèvres, son complet à carreaux et les grosses dames courtes qui l'entouraient contribuaient à le faire paraître plus étriqué et plus découragé[34].

Ici aussi le discours fait merveille ; ici encore il donne comme support aux indices culturels (la peinture, Picasso, Paris) un personnage falot, voire une caricature. Paul Lafrance copiant Picasso, c'est Ovide Plouffe présidant à des séances d'opéra dans le *living* familial. Assurément, on pourrait être enclin à voir dans tout cela une aimable satire des mœurs littéraires et artistiques. Ce serait faire bon marché, dans le cas des *Plouffe*, de l'ensemble du système, du rapport à Denis Boucher, de la scission de la fonction-écriture, et peut-être surtout du fait que le contexte interne soit, comme le désigne l'auteur, un « quartier pauvre » : le tailleur de cuir Ovide Plouffe demeure un prolétaire. Connaît-on beaucoup de satires de la vie littéraire ayant des ouvriers pour cibles[35] ? Et nous pourrions ajouter, faisant appel également au contexte externe, qu'un an avant la parution du récit où le personnage-peintre Paul Lafrance fait l'objet du discours que l'on sait, Paul-Émile Borduas était congédié de l'École du meuble par le gouvernement du Québec…

> L'artiste Paul Lafrance, ajoute le texte, vivait des heures extraordinaires. Frais arrivé de Paris où il s'était maintes fois moqué devant ses confrères de

---

34. *Ibid.*, p. 53-54.

35. De *L'Immortel* d'Alphonse Daudet (1888) à *Prix David* de Charles Hamel (1962), ne s'agit-il pas uniformément de romans de mœurs bourgeoises ? Ne serions-nous pas, une fois de plus, devant une transgression du code littéraire, et si oui, ne serait-ce pas parce que les autres codes sociaux, travaillant le texte, subsument le code littéraire à leur profit ?

> l'absence de goût des Canadiens français pour la peinture, et où, devant des dilettantes de l'anticléricalisme, il avait médit du clergé canadien, il se voyait commander quatorze tableaux surréalistes par le curé d'une paroisse d'ouvriers[36]…

BOUCHER-BOISJOLY

La dernière étape de la transformation de Jean Colin a un nom : Pierre Boisjoly, autrement dit Pierre le magnifique. Les sèmes de l'énergie et de la puissance achèvent de se dégager de la littérature (Denis Boucher a renoncé à écrire) pour venir se fixer sur le double. La volonté de Pierre de « donner tête baissée », de s'affirmer, de lutter, c'est celle-là même de Denis dans les romans précédents. Le discours constitue Pierre en force : « Ses mains puissantes[37] », cette « ville chérie » à « conquérir[38] », et jusqu'à l'engagement : « Moi je gagnerai, je réussirai à être magnifique[39] ». Sur le plan connotatif, rien chez lui qui suggère un tempérament et une psychologie d'artiste. Par là, il se sépare définitivement d'Ovide et de Jean. Il faut préciser que le référent social a aussi changé : le Clergé, l'Administration, les Affaires[40]. La littérature, il semble qu'elle se soit perdue en cours de montée.

Ce que Pierre partage encore avec ses deux prédécesseurs, c'est l'appartenance sociale : « Je suis un enfant pauvre qu'on s'acharne à humilier[41] »… À vrai dire, cette ville, ce Québec convoité tel le Paris de Vau-

---

36. *Fantaisies sur les péchés capitaux*, p. 61.
37. *Pierre le magnifique*, p. 20.
38. *Ibid.*, p. 49.
39. *Ibid.*, p. 74.
40. On dirait une sous-préfecture !
41. *Pierre le magnifique*, p. 69.

trin et de Rastignac, paraît munie de circuits tellement courts qu'on se croirait plutôt dans un village : Pierre décide un beau matin qu'il ira voir le Procureur général de la Province[42] après le déjeuner. Il est reçu sur-le-champ[43]. « Ah !, lui demande cet excellent homme, ne seriez-vous pas ce Pierre Boisjoly arrivé premier au Séminaire l'an passé, qui avait une vocation religieuse et qui soudain disparut de la circulation ? ». Quelques pages plus loin, voilà notre héros devenu le conseiller intime du ministre ! Julien Sorel lui-même n'allait pas si vite.

On ne reviendra pas sur l'évolution de Denis Boucher dans la série. Elle vient d'être retracée. Essayons toutefois, dans le dernier roman de Lemelin, de répartir les signes en fonction des deux frères ennemis. Pierre Boisjoly, frais émoulu du cours classique, raffermit sa vocation à la prêtrise en faisant pendant un an, et sans perdre son pucelage, l'expérience des grandeurs et des bassesses de la vie. Mais le texte ne permet pas d'affirmer que le personnage se construit graduellement avec le chemin parcouru. Il est posé tout entier au départ, d'une seule pièce. Son courage, son ardeur, sa force sont données jaillissantes, instinctives, disons naturelles, comme puisées à une réserve antérieure aux événements. Ils coulent de source. Le suggèrent les termes « pureté », « cœur »[44], fréquemment attachés à Pierre, et qui supposent un état originel d'avant le

42. C'est le ministre de la Justice !

43. *Ibid.*, p. 153-155.

44. « Quelle pureté, quelle droiture ! Même le difficile passage de la puberté n'avait pas terni son cœur. Au contraire, la force morale et intellectuelle de l'adolescent en avait semblé décuplée » (*Pierre le magnifique*, p. 43).

temps. Ces attributs se manifesteront dans des situations nombreuses sur le terrain social.

En revanche, le destin de Denis Boucher s'est replié sur l'espace étroit d'une chambre au Quartier latin. Mais ce simple point de l'étendue narrative a une vaste portée symbolique :

> Il sembla à Pierre que ses pieds s'enlisaient dans le tapis usé comme dans du ciment humide. Que faisait-il ici ? Le démon l'avait bien attiré dans son antre. Maintenant les murs, les tableaux, les meubles tournaient dans une ronde diabolique [...] Il avait bien valu la peine de trahir sa vocation [...] pour aboutir ici et sombrer sous l'immense éclat de rire que toute cette chambre déversait sur lui[45].

Il est remarquable que la chambre, dont Denis ne sort que pour fumer, « appuyé nonchalamment contre [la] maison[46] », ou pour perpétrer des actions clandestines, soit doublement coextensive à son locataire. Son exiguïté par rapport à l'espace social appartient sémantiquement au paradigme du retrait et du vacant au même titre que le cynisme résigné[47] de Boucher, désormais en marge du monde, inoccupé au sens plein du terme ; mais parallèlement, la pièce, « antichambre de ce monde magique[48] », peut être considérée, par l'effet notable qu'elle produit sur Pierre, comme un relais de l'efficace singulière assumée par Denis. Or ce n'est pas tout. Il faut voir comment, à la manière d'un foyer, elle rassemble ou plutôt concentre certains signes de la culture contemporaine soulignés par le discours et

45. *Ibid.*, p. 68.
46. *Ibid.*, p. 287.
47. *Ibid.*, p. 65.
48. *Ibid.*, p. 63.

dont la séduction augmente du fait de leur complicité avec une précaire liberté : tableaux (par exemple, « la reproduction d'un Vlaminck »), livres, objets d'art, diverses attitudes. Ils constituent le décor de l'amour libre naïvement proclamé[49]. Fonctionnellement, ce lieu mesquin, petit, misérable attribut d'un intellectuel raté, demeure inexplicablement OUVERT, dans l'attente de quelque chose d'indéfini.

Il n'en va pas de même du grand monde que Pierre Boisjoly traverse telle une force de la nature. Le Séminaire, l'exploitation forestière, l'Institut populaire des sciences politiques, le cabinet du ministre de la justice, cette demeure cossue de la Grande-Allée, il convient de les voir comme autant d'honnêtes façades côte à côte le long de la rue principale d'une très petite ville. Chacune montre ce qu'elle a. Le nombreux est ici un leurre : il lui manque la complexité, certains raccords mal éclairés à dessein, un fond mouvant de diversités pressenties. Les gens n'ont qu'à passer par l'arrière-cour pour se parler et d'ailleurs ils se connaissent tous. Et nous allions oublier la devanture culturelle : par des débris de latin, des références anachroniques à La Fontaine et Virgile[50], elle affiche une des conditions, à vrai dire séculaires, qui donnaient accès à la ville haute (l'autre étant l'argent). Cet espace mondain, indexé comme vaste et complexe pour servir à Pierre de terrain d'exercice commensurable à ses dons innés, s'avère à l'analyse fermé et très petit.

---

49. Ce que nous nommons les signes de la culture, fixés sur Ovide dans *Les Plouffe*, reviennent partiellement vers Denis Boucher maintenant qu'on est dans la ville haute, marginalisés cependant dans l'un comme dans l'autre cas. C'est le lieu de le constater : ils ont un statut flottant chez Lemelin.

50. *Pierre le magnifique*, p. 43, p. 52-54.

Répartissons maintenant comme suit les signes-satellites de chacun des *alter ego*. Ils sont de divers niveaux :

DENIS BOUCHER (Série I)	PIERRE BOISJOLY (Série II)
1) Lieu exigu érotisé : la chambre (concentration, intériorisation de signes contradictoires).	1) Le vaste monde (éparpillement de signes concordants).
2) Force, énergie de jadis à présent « inutilisables ».	2) Force native, disponible ; élan, pureté, cœur.
3) Aucun emploi dans la société.	3) Emplois successifs dans la société.
4) Agir efficace (modifie le cours des événements).	4) N'agit pas mais « est agi » (Pierre ne modifie rien).
5) Arrière-plan historique (la vie passée de Denis).	5) Un seul plan : le présent.
6) Liberté de l'amour (liaison « coupable » de Denis avec Fernande).	6) Débauche (épisode Willie Savard) ; amour idéalisé de Pierre pour Fernande.
7) Culture moderne individualisée (Vlaminck) (obstacle à la vocation sacerdotale).	7) Culture séculaire institutionnalisée du « cours classique » (Virgile, le latin, etc.).
8) MONDE OUVERT (vacant, monde à vouloir, à construire, tout peut encore arriver).	8) ESPACE RESTREINT ET CLOS (Pierre ne le traverse que pour revenir au décret de l'origine : être prêtre ; la dernière scène du roman réitère la première).
CONFIGURATION SÉMANTIQUE : hétérogénéité, histoire, marginalité, action concrète, liberté, péché, danger, ouverture, modernité.	CONFIGURATION SÉMANTIQUE : homogénéité, nature, socialité, immobilité, mal, clôture, « l'entre-nous », la tradition.

Il semble bien, à l'examen de ces relevés sommaires, que la coupure déjà observée dans *Les Plouffe* (le double statut d'Ovide dans son rapport avec celui de Denis Boucher) apparaisse ici encore plus nette. La culture[51] n'est pas seulement « distanciée » (parce que marginalisée, synonyme de désengagement social, dangereuse), sa position emprunte tout son sens à ce qui lui fait pendant dans l'autre série : la société close, uniforme, anhistorique, l'ordre naturel (ou naturalisé) des choses…

Comment nommer cet écart qui joue en fait comme une opposition ? Serait-on en droit de parler d'un conflit irrésolu entre ce qu'il est coutume de désigner la culture et la nature ? Voici un auteur qui, se projetant en deux doubles ou possibles, pose leurs signes comme antagonistes. Or chacun des deux groupes signifiants renvoie à sa manière, faut-il le rappeler, au statut et à la fonction de la littérature et de l'art dans la vie sociale. Tout se passe comme si au long de l'œuvre de Lemelin, l'écriture, se sentant à la fois redevable à la nature et honteuse envers la culture, se censurait comme culture et mutilait le discours. Ce serait d'ailleurs ne pas rendre justice à Lemelin – qui fut et reste, de l'avis de plusieurs, un excellent romancier – que de se limiter à lire dans ces paradigmes contrastants une certaine idéologie québécoise d'époque où Dieu, le clergé tout-puissant, les interdits sexuels, la

---

51. Culture ici (on s'en est déjà aperçu) au sens qu'a le mot dans : « la vie culturelle », « arts et culture », « les affaires culturelles », « la promotion et le développement de la culture », « l'aide à la culture », etc. On ne s'étonnera pas que l'apparition dans un roman d'un personnage-écrivain puisse s'accompagner de références plus ou moins fréquentes à cette culture-là.

famille oppressive et l'ordre se mesurent contre le Diable, la femme, ah ! la femme, et les périls mondains... Le conflit, nous le pressentons à un niveau fondamental, peut-être même transhistorique, tributaire moins d'une idéologie des années quarante (fonction de la conjoncture et des temps courts) que d'une anthropologie (les plus longues durées). Comment pourrait-on, à ce stade, proposer autre chose qu'une hypothèse interrogative ? Il demeure que les trois romans de Lemelin disent quelque chose d'important et de durable sur nous-mêmes et notre société. C'est une conviction à laquelle il paraît difficile d'échapper après une relecture attentive.

UNE OPPOSITION « MODALISÉE »

Soulignons que cet effort de schématisation relatif à la structure duelle Denis Boucher-Pierre Boisjoly se trouve justifié par la récurrence de celle-ci : on en a vu antérieurement deux occurrences. Or l'ensemble de ce système s'avère si remarquable et si contraignant qu'il risque de jeter dans l'ombre d'autres phénomènes dans chacun des romans. Si on se limite à un seul, *Pierre le magnifique* par exemple, on constate que l'opposition entre la série I (le personnage-écrivain) et la série II (son *alter ego*) n'est pas, comme il se doit, absolue ; le récit la « modalise ». Il subsiste en effet certains signifiés flottants, appelons-les des interconnecteurs. Ainsi, l'abbé Lippé, acteur-signe de la série II[52], se retrouve, par hasard, dans la même salle que Denis (nommé ici « le voyou ») et sa maîtresse Fernande :

52. Il reçoit Pierre Boisjoly en lui parlant latin, etc.

> L'abbé Lippé sembla soudain trouver sympathique ce couple élégant. Il se leva, arracha deux autres chaises à la première rangée en invitant galamment les nouveaux venus à s'y asseoir[53].

Ce geste, qui dénote un début de connivence, indexe le personnage comme interconnecteur. Un autre exemple : à travers tous les obstacles, Dieu aide Pierre de façon à la fois inflexible et incompréhensible :

> Il lui fallait [...] ne pas interrompre le rythme des événements qui, depuis hier, l'emportaient dans leur étrange ronde[54].
>
> ...
>
> Tout se passait, s'enchaînait, comme si Quelqu'un eût arrangé d'avance les péripéties[55].

Or Denis Boucher, l'hôte de la chambre « magique » et « diabolique », surgit à la fin pour tout arranger et sauver Pierre *in extremis*[56]. On conclura donc que Denis et Dieu occupent ici le même actant. (Il reste que la distribution des indices et même des actions selon les pôles actoriels[57] ne laisse pas de signifier à son niveau).

Le personnage-écrivain et son double n'évoluent pas seuls dans les trois romans de Lemelin, le discours aussi se modifie. Les substantifs « vitalité », « instinct », les épithètes « vert », « direct » qu'emploie Gilles Marcotte à l'égard d'*Au pied de la pente douce,* décrivent bien l'effet produit[58]. Nous avons montré au premier chapitre comment cette sensation de vie chaude et

53. *Pierre le magnifique,* p. 18-19.
54. *Ibid.*, p. 145.
55. *Ibid.*, p. 153.
56. *Ibid.*, p. 283.
57. C'est une forme d'analyse prédicative.
58. Gilles Marcotte, *Une littérature qui se fait,* p. 38.

immédiate découle de choix discursifs précis et contribue, en outre, à rendre moins flagrante, sur le plan de l'histoire, la singulière condition accolée à la possibilité de l'écriture, à savoir la défaite et la mort de Jean Colin. Dans *Les Plouffe,* la dualité Denis-Ovide, quoique aussi tranchée, est certes moins dramatique, et le discours, comme cédant à la pente de l'auteur, semble servir de faire-valoir aux événements, notamment par une typification plus grande, quasi caricaturale des personnages. Le discours paraît alors moins saturé puisque les rapports des personnages entre eux et aux situations n'ont pas à être motivés et expliqués à l'aide de toutes sortes d'informations indicielles et commentaires intrusifs. En revanche, tandis qu'*Au pied de la pente douce* « citait » l'idéologie de façon diffuse, celle-ci constitue dans *Les Plouffe* de véritables enclaves discursives (par exemple, le nationalisme pour l'épisode de la grève à « l'Action chrétienne »). Ces observations valent également pour *Pierre le magnifique.*

Il y a un court récit des *Fantaisies sur les péchés capitaux* qui pourrait fort bien servir d'épilogue à ces remarques sur Lemelin. Il s'intitule « La gloire du matin » et débute ainsi : « Madame, le déjeuner est servi[59] ». C'est qu'on se trouve maintenant dans le grand monde. Denis Boucher ou plutôt Jean Breton a fini par réussir : magnat de l'industrie et de la finance à quarante-huit ans. Or cet homme à poigne commença dans la vie comme écrivain ; son premier roman, « La gloire du matin », avait même connu le succès jadis ; mais le deuxième attend depuis vingt ans, inachevé. Et

59. *Fantaisies sur les péchés capitaux,* p. 77.

il n'y en a pas eu de troisième. Voilà qu'au seuil de l'âge mûr renaît soudain chez lui l'espoir fou de renouer le fil, de capter à nouveau, s'il en est temps encore, la source créatrice. Des mots de « La gloire du matin » lui reviennent, obsédants : « Nous bâtirons des arcs de triomphe au-dessus de nos victoires[60] »... Mais en dépit des supplications de sa femme Hélène et de son fils Pierre, Jean Breton renonce. Il est trop tard.

L'écriture de Lemelin n'est pas un échec. Le paradoxe consiste justement en ce qu'elle a rendu possible quatre livres où elle est posée comme impossible. On dira donc qu'elle est un échec *dans* Lemelin. Pratiquée par des personnages caractérisés comme non-écrivains, non pratiquée par d'autres caractérisés comme écrivains, dissociée des signifiés culturels, elle avance de livre en livre pour se dire elle-même sans attaches et sans lieu. Tous les éléments de l'institution y sont : l'auteur, la littérature comme carrière, les signes de la culture. Mais rien n'est lié et intégré, comme si, dans la société réelle, la littérature parvenait difficilement à se fonder, faute peut-être du « ciment de l'idéologie » (selon l'expression de Gramsci[61]).

---

60. *Fantaisies sur les péchés capitaux*, p. 79, p. 83, p. 86.

61. Toute littérature, il faudrait ajouter toute pratique de la littérature, a un fondement social. Mais un coup instituée, comme l'ont montré Sartre et tant d'autres, elle s'emploie justement à « dissoudre ce ciment de l'idéologie » sans lequel elle ne saurait pourtant exister. On trouvera une figure saisissante de cette ambiguïté essentielle dans l'une des *Geschichten vom Herrn Keuner* de Brecht : « Massnahmen gegen die Gewalt », dans *Geschichten*, Suhrkamp Verlag, 1962, p. 165-166.

UN ROMAN-PILOTE : *LES DEMI-CIVILISÉS*

Les *romans du code,* disions-nous, marquent avec insistance la relation du littéraire au social. Il ne faut donc pas se surprendre d'y rencontrer des personnages adonnés à ce qu'on pourrait appeler une *écriture d'action* : soit des romanciers ou poètes dont les œuvres, souvent nombreuses, ne nous sont connues que de l'extérieur, à titre de simples adjuvants à leurs rôles dans l'intrigue et dans le milieu intratextuel ; soit encore des journalistes davantage préoccupés de « la vie littéraire » que de l'écriture. Ici, tout comme chez Lemelin, mais de façon moins complexe, le code socioculturel semble s'afficher d'autant plus qu'il réussit moins à donner une assise à la littérature.

Les Demi-civilisés[62] de Jean-Charles Harvey, bien qu'antérieur d'une dizaine d'années à l'époque qui nous intéresse, fait figure de roman-pilote tant il annonce avec netteté certains des traits les plus constants d'un grand nombre de romans ultérieurs jusque dans les années soixante. Le héros, Max Hubert, fonde une revue consacrée aux « idées de la jeune génération[63] ».

> En art, en littérature, en doctrine sociale, politique, économique, nous avions l'exclusive supériorité de n'être pas liés et ficelés. La raison était presque toujours de notre côté. Seuls contre tous, nous avions aisément le dernier mot, car une idée juste prévaudra toujours, à la longue, contre mille idées fausses[64].

---

62. Jean-Charles Harvey, *Les Demi-civilisés,* Éditions de l'Homme, 1962 (Éditions du Totem, 1934).
63. *Ibid.*, p. 61.
64. *Ibid.*, p. 63.

Il y tient également, semble-t-il, une chronique littéraire. Cet engagement, aussi important et difficile soit-il, ne constitue pas l'élément dynamique de l'intrigue ; son ressort serait plutôt une liaison amoureuse vécue comme rupture et défi. Max Hubert préfigure ainsi une lignée de personnages homologues : Georges Hautecroix (Robert Charbonneau, *Aucune créature,* 1961), André Laurent (Charles Hamel, *Solitude de la chair,* 1951), Félicien Franchère (Gilbert Choquette, *La Défaillance,* 1969) et, partiellement, Régis Dubuc (Jean-Marie Poirier, *Le Prix du souvenir,* 1957[65]).

Dans *Les Demi-civilisés* et ses successeurs, le journalisme socio-politico-littéraire autorise le discours, par le truchement du narrateur ou de divers acteurs, à se faire lui-même commentaire, chronique, polémique, bref, à parler de tout. Ainsi ce début de phrase du roman de Harvey : « Son mari ivrogne, adultère, déclassé, superstitieux, jaloux et sale[66] »... On dirait que toute la salle de rédaction de la revue a collaboré à la surdétermination de ce pauvre comparse. Mais là n'est pas le principal. Déjà chez Harvey, le texte est travaillé par l'incompatibilité entre l'interne originel, donné, reçu (la nature ?) et l'externe acquis, construit, transformant (la culture ?). Le discours le signale dès les premières pages, à la suite d'une évocation idyllique de la vie pastorale :

65. Remarquons, sans en tirer un parti simpliste, que l'époque 1930-1960 fut celle des grands journalistes polyvalents cultivant les lettres, mêlés à la politique, préoccupés de questions sociales : Olivar Asselin, Jean-Charles Harvey lui-même, Jean-Louis Gagnon, André Laurendeau, Louis Francœur et, à un moindre degré, Lucien Parizeau, Willie Chevalier, Edmond Turcotte, etc.

66. *Les Demi-civilisés,* p. 92.

> Je sentais vaguement qu'il y avait, chez nos campagnards, plus de solidité, de bonté, de jugement et d'intégrité[67] ; mais les cheveux bouclés, les lèvres peintes, les cils taillés, les doigts fins et les ongles polis de Marthe m'avaient séduit. *Déjà, le sens de l'art se faisait jour en moi aux dépens du cœur et de la conscience*[68].

Il convient de noter ici l'aveu d'une diffuse culpabilité et le fait que ce soit une femme que la culture annexe et métamorphose. On pourrait, bien entendu, ne voir là qu'une simple « citation » isolée d'un *topos* des romans de la terre : préférons la vie campagnarde bonne et pure à la vie citadine artificielle et dangereuse, reprise quand même curieuse dans un roman qui, en son temps, ne se proposait pas tout à fait de réitérer l'idéologie clérico-ruraliste[69]. Aussi faut-il constater le phénomène à d'autres niveaux. Max Hubert fait un long portrait d'un des principaux collaborateurs de la revue, le Français Hermann Lillois : « Il était un trop-civilisé, nous confie-t-il, disons même un dégénéré, mais combien séduisant[70] ». Quel lecteur naïf a pu naguère croire que le titre du roman de Harvey était une injure ? Compensez, comme le fait Harvey, la demi-civilisation par la vie rurale représentée de manière

67. Que chez les citadins.

68. *Les Demi-civilisés*, p. 25. Les soulignés sont de nous.

69. « Ils faisaient le procès des mythologies traditionnelles grâce aux mythologies elles-mêmes », affirme Fernand Dumont des écrivains des années trente, « c'est-à-dire en reprenant les vieux mythes de ce pays dans le roman ou le poème. Singulier procès où, derrière l'écrivain, l'accusé était l'accusateur »... (« Le temps des aînés », dans *Études françaises*, vol. 5, n° 4, novembre 1969, p. 467-468).

70. *Ibid.*, p. 85. Lillois joue dans le récit un rôle non négligeable Le discours ne le singularise pas comme en fait foi ceci : « [...] c'est cette dissolution seulement qui agit sur nos pseudo-intellectuels. De là, chez eux, tant de signes de dégénérescence précoce » (*Ibid.*, p. 138).

idéalisante et aussi par la pureté primitive du pays de Charlevoix[71], et vous obtiendrez l'être complet et le salut. Cette glorification paradoxale de l'origine dispense l'une des clés des *Demi-civilisés.*

Si Harvey maintient la culture dans la distance, en revanche, il dénaturalise le religieux. Dorothée, la femme aimée, arrachée au cloître, à l'emprise de l'Autre[72], pourra elle aussi être régénérée par la grande nature vierge et la maison paysanne de l'enfance puisque les signes proches de la religion comme ceux de la culture sont désormais mis en échec et repoussés. Son amant continuera de gérer, dans sa bibliothèque, un patrimoine éternel comme le cours des saisons : Shakespeare, Goethe, Molière, Balzac[73]. Mais Hermann Lillois, qui n'est pas français ni vivant pour rien, disparaît. Frère bourgeois d'Ovide Plouffe, il fera sa rentrée plus tard sous les traits d'Augustin Sillery dans *La Bagarre* de Bessette (1958) et ceux du Thomas D'Amour de Godbout[74].

Max Hubert ne prend guère la peine de nous renseigner sur la teneur de ce qu'il écrit pour sa revue[75]. Pourtant, choisir de donner à la critique de l'idéologie et des mœurs dans un roman la figure du « combat par la plume », c'est déjà témoigner d'une confiance naïve et touchante envers le pouvoir des

71. *Ibid.*, p. 24, et surtout p. 137-144.

72. « Je n'épouserai pas l'Autre, tu sais [...] Je l'entends derrière nous, qui nous poursuit »... (*Ibid.*, p. 156).

73. *Ibid.*, p. 59.

74. *D'Amour, P.Q.* (1972).

75. À l'exception d'un article où il se moque de l'écrivain régionaliste Nicéphore Gratton, auteur de sonnets (« Le Sapin de la maison grise ») et d'une « Histoire romancée de Sainte-Rose-du-Dégelé » (p. 65-67).

mots. Entre l'ouverture et la clôture du texte posant toutes les deux un monde primordial immaculé étrangement vide de toute institution[76], se déploie un temps de la ville que le discours entraîne vers le triomphe des Lumières dans une histoire à la Raoul de Navery[77].

DEUX ROMANS DE CHARLES HAMEL

André Laurent, l'acteur principal du roman de Charles Hamel, *Solitude de la chair*[78], est comme le Max Hubert de Harvey directeur d'un hebdomadaire culturel (« L'Époque »), critique littéraire, mais député de surcroît. On conçoit que le discours littéraire n'y soit pas perçu comme spécifique : un personnage parle par exemple du même « drame » qui « risque d'être celui de tout écrivain qui veut s'exprimer avec franchise, de tout journaliste qui tente de faire vivre un journal libre[79] ». Une fois de plus, s'il est beaucoup

---

76. On quitte le lieu préinstitutionnel pour aller s'éprouver dans l'histoire et la culture, quitte à y revenir afin de s'y laver, s'y retremper.

77. Il semble que ce n'est qu'historiquement (et non *textuellement*) que l'on puisse aujourd'hui percevoir le roman de Harvey dans les termes de Jeanne Lapointe : « éclatement de révolte pathétique et de rancœur » (« Quelques apports positifs de notre littérature », dans *Présence de la critique*, p. 103). Mais la pente de la lecture biographique, déjà évoquée à propos de Gabrielle Roy, continue, elle, de fasciner. Guildo Rousseau reproche (à tort) à Gilles Marcotte d'avoir confondu Max Hubert avec l'auteur hors texte (dans *Une littérature qui se fait*, p. 23), puis consacre plusieurs pages aux « expériences vécues » par Harvey et « transposées » dans son roman, tout en prenant soin, bien entendu, de souligner que « la transposition n'est [...] pas l'autobiographie » (*Jean-Charles Harvey et son œuvre romanesque*, Centre éducatif et culturel, 1969, p. 35-43).

78. Charles Hamel, *Solitude de la chair*, Cercle du livre de France, 1951.

79. *Ibid.*, p. 188.

question d'activités littéraires, rien ou à peu près ne désigne leurs contenus, l'enjeu qu'elles représentent pour l'écriture elle-même, ou pour l'évolution esthétique de l'écrivain-acteur. Rédiger un article sur Camus[80], s'inscrire à la Faculté des lettres[81], nommer Sartre[82], assister à un vernissage[83], sont ici d'une part signes de la culture et d'autre part indices d'appartenance à un code socioculturel au même titre que fréquenter le bar de « La Tour Eiffel »[84], envoyer sa fille à Marie-de-France[85], épouser une jeune femme riche[86].

Les signes de la culture dans ce roman, contrairement à ce qui se passe chez Lemelin, ne se trouvent pas en position conflictuelle par rapport à la société représentée. Ils apparaissent même interchangeables avec les indices d'appartenance, ce qui revient à affirmer que dans *Au pied de la pente douce* ou *Les Plouffe,* les uns et les autres sont posés comme antagonistes. S'il en va autrement avec *Solitude de la chair,* c'est que nous avons affaire à un milieu de journalistes, écrivains et peintres suffisamment divers, au surplus frangé par la politique et l'argent, somme toute assez vraisemblable dans une grande ville tel le Montréal du début des années cinquante. Certes, il pourrait arriver dans un pareil cas que certains traits du signifiant et ajoutons de l'affabulation viennent en quelque sorte « déréaliser » aussi bien l'institution littéraire que le code social.

---

80. *Ibid.,* p. 36.
81. *Ibid.,* p. 16.
82. *Ibid.,* p. 137.
83. *Ibid.,* p. 209.
84. *Ibid.,* p. 28.
85. *Ibid.,* p. 138.
86. *Ibid.,* p. 163.

Dans *Les Demi-civilisés,* par exemple, la traversée rocambolesque des signes dans un style anachroniquement déclamatoire[87] a pour effet de mettre curieusement hors d'aplomb les assises textuelles du référent interne. Les indices apparents de la reprise en texte de l'idéologie sont donc eux-mêmes « indexés » par la tonalité et le registre du discours. La pâle écriture du roman de Charles Hamel ne fait que les souligner, agit presque à la manière d'une mise en relief du code. Le parti pris de véridicité est d'ailleurs poussé loin chez Hamel : tout lecteur le moindrement au fait du mouvement des idées et des arts à Montréal vers 1950 ne peut s'empêcher de prendre les noms fictifs pour des pseudonymes. Il est parfaitement légitime d'en faire état puisque c'est le pacte de lecture que l'auteur impose textuellement à l'usager. André Laurent a donc dirigé un quotidien oppositionnel du matin qui ne pouvait être que le défunt « Canada » ; il fut aussi de la rédaction de l'hebdomadaire « Lumières » (« Le Jour »), fondé par Jean-Pierre Darcy (Jean-Charles Harvey) ; il assiste à des vernissages chez le libraire joueur d'échecs Robert Cartier (Henri Tranquille) ; le peintre Paul-Émile Dussault (Borduas) expose dans une galerie rivale :

> Là se groupaient les zélateurs de l'art vivant ; des amis de Dussault, artistes eux-mêmes, comme le sculpteur Roger Marcil et le peintre Charles Perron ; quelques intellectuels communistes, dont Gérard Pasquier et Ernest Labry ; enfin, plusieurs petites filles aux longs cheveux mal peignés, aux invraisemblables vêtements[88]...

---

87. Les deux favorisés par l'emploi de la première personne.
88. *Solitude de la chair,* p. 51-52.

Solitude de la chair présente ainsi un cas quasi limite de roman du code. Il ne se limite pas à « citer » largement l'institution, les supports réels de celle-ci s'insinuent dans le texte comme des paradigmes actoriels. Le non-transformé (qu'il soit perçu ou non) tend à pousser l'auteur hors de la littérature, en un lieu de non-écriture. Chez Gabrielle Roy et Roger Lemelin, la littérature élabore un personnage, à charge pour lui d'instaurer à son tour la littérature selon des modalités diverses. Dans la mesure où l'inscription – c'est le cas de *Solitude de la chair* – joue au détriment de la transformation, la littérature a beau s'autodésigner, multiplier ses signes, elle ne s'avoue pas moins comme extérieure, étrangère à elle-même. La question de son statut régresse de l'acteur-écrivain à l'actant social. Et quant à celui-là, on comprendra qu'ainsi délesté, il s'en sorte mieux que mal : après bien des maîtresses (la romancière, la jeune étudiante de McGill, la femme-peintre, etc.), André Laurent souffre de « cette angoisse spirituelle qui, parfois aiguë, parfois sourde, latente, n'avait jamais cessé d'assaillir sa conscience[89] »… Mais il échappe *in extremis* à la ruine morale… et financière en sauvant du même coup et son journal et la littérature lorsqu'il se décide à accepter l'argent de sa femme, laquelle est en même temps très belle et très riche ; il retourne donc auprès d'elle goûter enfin le bonheur véritable. *Solitude de la chair* est un texte vraiment cohésif.

Le code littéraire s'abolit chez Hamel au profit du code social. On devine qu'une conception naïvement élevée de la littérature en tant qu'expression franche et

---

89. *Ibid.*, p. 225.

libre de « la vérité » mène au dédain de la littérature (les formes, les procédés, une langue, etc.) et aboutit à la mise en relief paradoxale de ce qui serait le moins étonnant et au fond le plus attendu dans la société réelle. Dans *Prix David*[90], publié à titre posthume et évoquant la même société du début des années cinquante, le refus ou l'impossibilité d'assumer la littérature pour parler de la littérature a des conséquences imprévues : ce qui se donnait comme une satire de l'institution littéraire tourne à la dénonciation ingénument réactionnaire. Grâce à la complicité de l'éditeur Vidal-Caisse et d'un vieil oncle, épicier enrichi, Gérald Forestier, pas du tout écrivain et ne désirant surtout pas l'être, cherche à obtenir frauduleusement le prix David pour un recueil de vers pillés chez les poètes français. L'éditeur « lance » le nouveau poète : conférences, fréquentation du milieu littéraire. Or aucun des multiples figures ou comparses dans cette histoire n'a un rapport réel avec la littérature ou l'écriture.

Ce roman du code par excellence, tout entier voué à la vie littéraire, signale en fait combien la littérature, pure essence, idéal presque inaccessible, est avilie par l'institution ; il faut repousser, faire taire les signes de sa dépendance envers la culture et la vie sociale. *Prix David* ne les fait comparaître à chaque page que pour les désamorcer. Que craint-on ici ? « Gérald [Forestier] n'entendait rien à l'existentialisme. Mais il avait assisté, à Paris, à la première de *Huis Clos*[91] »… Le « mais » a sa valeur adversative. Il marque l'opposition entre un vécu culturel non discursif et un discours culturel non vécu. Or qu'est-ce que la culture sans langage ? Le

---

90. Charles Hamel, *Prix David*, Éditions de l'Homme, 1962.
91. *Ibid.*, p. 260.

congédiement du discursif et du théorique se trouve motivé par des titres antécédents d'ayant droit (avoir pu assister à la première de la pièce de Sartre, à Paris). Pareillement, à quoi sert cet indice : « Puis Gérald, ancien champion mi-lourd d'Oxford[92] »...? Tout se passe comme si UN PARAÎTRE secrètement convoité (tel langage, la possibilité de tel discours) mais hors d'atteinte était remplacé par un ÊTRE jugé plausible (un état, un pouvoir se passant de mots). Sous le couvert de la satire[93], nous sommes installés dans la crainte implicite et le désir déplacé des signes.

Voilà un dernier exemple dont la teneur n'est pas sans rappeler de façon assez curieuse certains débats très récents[94] :

> Gérald Forestier ne pardonnait pas aux barbouilleurs rencontrés ce soir d'avoir longuement et d'une façon verbeuse tenté de lui imposer des théories auxquelles il n'entendait rien et ne voulait rien entendre. Manfred Charlan[95], lui, était un grand peintre, au talent universellement reconnu, et Rigobert LaFlamme[96] était, lui aussi, un artiste de réputation internationale. Mais quand ils étaient avec lui, ils ne l'assommaient pas de leurs théories.

92. *Ibid.*, p. 162.

93. En fait, il ne s'agit sans doute pas d'une satire. Celle-ci, certes, isole son objet dans la distance, mais elle dirait l'inauthenticité de la vie littéraire dans et à partir d'un exercice assumé de la littérature. Réjean Robidoux estime toutefois qu'il s'agit « [d'une] satire des mœurs littéraires et artistiques d'une certaine élite » (dans *Livres et auteurs canadiens 1962*, p. 19).

94. Ainsi le refus très net de vues théoriques et d'un langage *d'apparence* technique exprimé par des auteurs québécois à la Rencontre internationale des écrivains, par exemple en 1974 (actes dans *Liberté*, n° 97-98, janvier-avril 1975) et en 1977 (*Liberté*, n° 118-119, juillet-octobre 1978).

95. Alfred Pellan.

96. Le caricaturiste Robert LaPalme.

> Ils trouvaient moyen de parler d'autre chose que de peinture. Ils savaient raconter des histoires gaies, comparer les qualités respectives de tel ou tel fromage, de tel et tel vin. Ils étaient humains, quoi ![97]

À travers le désaveu de l'institution artistique (cette dernière constitue la matière même de son livre), Hamel dénude la littérature : dessein si noble et désintéressé qu'il doit être préservé de toute contamination par le collectif. Son mérite est d'avoir réussi à dire, indirectement, les conditions concrètes (idéologiques et sociales) dans lesquelles il a essayé d'écrire. On se sera rendu compte que les problèmes déjà évoqués dans Lemelin et Harvey et entrevus dans Gabrielle Roy touchant le statut de la littérature et de la culture trouvent chez Hamel des aboutissants inédits (la grande ville) et des tenants déjà observés : ainsi *Prix David,* à l'instar de *Pierre le magnifique,* est traversé par les fissures des signes. D'un côté, la littérature et la culture *sans les mots* associées à l'art de vivre, la beauté, l'amour, le plaisir ; de l'autre, *les mots* sans la littérature et la culture, monde d'écrivains, d'éditeurs, de peintres et de bas-bleus où triomphent le mensonge, la vénalité, la prétention, l'intellectualisme creux, la saleté et le refus de la vie.

2. LES ROMANS DE LA PAROLE

Les romans de la parole privilégient, nous l'avons vu, le rapport de la littérature au sujet. L'écrivain y est assez faiblement dénoté (ainsi chez Gabrielle Roy où il n'est jamais question d'ouvrages publiés et seulement de l'intention d'écrire), le plus souvent connoté à des

---

97. *Prix David,* p. 91.

degrés divers. L'inscription de l'institution littéraire dans la société intratextuelle a pour effet de désigner sans équivoque le personnage comme écrivain ; son occultation, en revanche, renvoie le lecteur au jeu d'indices discutables et à sa propre connaissance et perception du code socioculturel. On dira : ceci fait songer à une attitude, à des réactions d'écrivain…

Sauf *Les Demi-civilisés,* les romans du code dont il a été question ont un narrateur hétérodiégétique (troisième personne). Il est concevable que la mise en relief de la liaison de la littérature non pas à l'intériorité mais à des conditions « externes » ait quelque chose à voir avec l'usage de la non-personne. Les romans de la parole, au contraire, font un emploi beaucoup plus fréquent de la première personne (récits autodiégétiques) :

Gabrielle Roy :	*Rue Deschambault* : 1re personne.
	La Route d'Altamont : 1re personne.
Robert Élie :	*La Fin des songes* : 2e partie à la 1re personne[98].
Robert Charbonneau :	*Ils posséderont la terre* : long prologue à la 1re personne[99].
	Fontile : 1re personne[100].
	Chronique de l'âge amer : 1re personne[101].
	Aucune créature : 3e personne (il s'agit d'un roman du code)[102].

98. Robert Élie, *La Fin des songes,* Fides, 1968 (Beauchemin, 1950).

99. Robert Charbonneau, *Ils posséderont la terre,* Fides, 1970 (L'Arbre, 1941).

100. Robert Charbonneau, *Fontile,* L'Arbre, 1945.

101. Robert Charbonneau, *Chronique de l'âge amer,* Éditions du Sablier, 1967.

102. Robert Charbonneau, *Aucune créature,* Beauchemin, 1961. Cet exemplaire roman du code curieusement déphasé affiche des

On comprend bien qu'un « je » n'éprouve guère le besoin de se dire à lui-même qu'il est écrivain pas plus qu'il ne se répète son nom et son adresse. De même, il peut être assez normal qu'il ne multiplie pas dans son monologue intérieur les références à l'institution. Le texte comme ensemble (quelle que soit la voix narrative) le fait d'ailleurs toujours de manière au moins implicite (et c'est là une question qui, dans sa généralité, regarde le principe même d'une approche sociale et historique de la littérature). Nous postulons : le fait qu'un écrivain choisisse de poser un personnage comme écrivain s'avère de soi et à son niveau signifiant ; il y a là une forme d'insistance réflexive qui n'est pas innocente ; et résistant par principe à la tentation d'une lecture autobiographique, nous avons cherché à voir dans quelle mesure les divers modes selon lesquels

---

problèmes de 1930 dans un décor des années soixante. Georges Hautecroix excède le modèle : romancier prolifique « arrivé », directeur d'un quotidien, universitaire, chef pressenti d'un parti politique, il se remet en question à l'approche de l'âge mûr et vit l'amour adultère dans l'angoisse auprès de la jeune Sylvie. On se demande où cet homme universel prend le temps d'écrire. La littérature sature le texte (mentions d'écrivains allant de Voltaire à Bachelard et Durrell ; manuscrits à faire lire ; parutions ; conversations ; doutes ; souvenirs, etc.) et pourtant elle reste toujours extérieure, éparse, circonstancielle. *L'écriture, « la vie en littérature » ne structurent pas la conscience du héros et ne constituent pas le point de vue en vertu duquel le monde s'organise et est perçu.* Le texte parle de ses romans dans les termes les plus vagues et ajoute quelques indications sur sa façon de travailler (p. 87-103). La pluralité de ses rôles sociaux autorise des commentaires sur tous sujets : le nationalisme, le communisme, le fascisme, le thomisme, le « séparatisme ». Il apparaît manifeste que la littérature est liée ici comme chez Lemelin à des fantasmes de puissance et de force, avec cette différence qu'il ne s'agit pas de la même classe sociale. Il y aurait par ailleurs une étude à faire du sadisme chez Charbonneau ainsi que de sa conception d'une temporalité contractée, elliptique, singulative, sans transition.

la littérature attire ainsi l'attention sur elle au moment même où elle s'accomplit dans le présent de l'écriture, signalent non seulement son statut dans la société fictive mais aussi, par inférence, son statut externe ainsi que la position de l'auteur. Souvent ce statut n'est pas immédiatement accessible : il est inséparable des signes de la culture et englobé de ce fait dans l'un ou l'autre des paradigmes culturels. Ceci précisé, on constatera que dans les romans de la parole, ce que le monologue intérieur, la rêverie, le journal intime nous révèlent du personnage ne le montre pas déjà constitué comme écrivain dans un rapport « professionnel » de sa conscience à la vie et à la culture mais plutôt tel un écrivain possible, aspirant avec plus ou moins de constance non seulement à l'écriture, mais aussi à l'amour, à la réalisation de soi, etc. Dans les cas où l'auteur indécidé demeure indécidable, le texte semble s'offrir et se dérober en même temps :

SIGNIFIANT :	accomplissement de la littérature. L'auteur a réussi : j'ai acheté son roman, je le lis.
SIGNIFIÉ :	échec de la littérature. Le personnage ne parvient pas à écrire ou à réaliser son projet.

Le roman de la parole qui présente cette coupure est tout à la fois un roman de l'échec et autre chose. La possibilité de la littérature chez l'écrivain racontant, signifiée à travers son impossibilité chez l'écrivain raconté, ne confirme pas seulement ce que nous savions déjà, à savoir que le discours narratif ne se nourrit guère de bonheur et de succès ; ce qui nous est aussi suggéré, c'est la difficulté de l'entreprise, le fait qu'avoir ce roman entre les mains aurait pu ne jamais se produire. Le sort de l'acteur, mis en un abyme négatif, inversé, réfracte la situation de l'auteur. L'occultation textuelle des marques sociales et idéologiques de la littérature renvoie l'échec de l'auteur narré à sa condition de sujet, comme s'il était, de tout temps et antérieurement même au discours, constitué de telle sorte qu'il ne puisse écrire. Là est l'essentiel. Ce n'est pas uniquement par défaut de l'institution que nous avons un roman de la parole, quoique l'un n'aille pas sans l'autre.

ROBERT ÉLIE : *LA FIN DES SONGES*

Les remarques qui précèdent ne sont pas d'intérêt uniquement théorique. Le premier roman de Robert Élie, *La Fin des songes,* les illustre parfaitement. Marcel Larocque, qui a un emploi de traducteur[103] dans un journal, traverse l'existence inquiet et déçu, avec le sentiment croissant du peu de réalité des êtres et des choses. « Pourquoi m'interroger sur ce monde et chercher encore à m'affirmer au milieu de ces ombres ? Je suis vaincu d'avance et je n'ai rien à faire ici[104] ». C'est un « littéraire » : il parle à ses amis des auteurs qu'il aime[105], s'intéresse à la peinture[106] ; son ami Bernard se souvient d'un « projet d'article [...] sur les écrivains » qu'il n'a jamais réalisé[107]. Serait-il un écrivain ? Suffit-il de tenir son journal[108] pour le devenir ? Quel est le statut du « je » qui parle dans ce journal puisque,

---

103. C'est dire qu'il se trouve à l'extérieur de la littérature sans en être trop éloigné.

104. *La Fin des songes*, p. 166.

105. *Ibid.*, p. 55.

106. *Ibid.*, p. 20, p. 178.

107. *Ibid.*, p. 93.

108. Le journal de Marcel occupe la partie centrale du roman.

aux chapitres précédents, il s'agissait de Marcel à la troisième personne ? Le *Marcel-je présent* de la narration quasi simultanée du journal, se substituant au *Marcel-il passé* de la narration ultérieure, surgit tout à coup sous nos yeux et c'est vraiment comme si nous le regardions écrire. Ces changements de temps, de focalisation et de voix[109] ne permettent pas de poser avec netteté un « je » seul à double instance narrante et narrée comme dans Gabrielle Roy ou Jean-Charles Harvey. À ce statut indécis correspond celui du journal lui-même : « Mon espoir est parfois si grand que je suis tenté d'écrire ce journal comme un roman, d'imaginer tout ce qu'il me faudra vivre pour me sauver[110] ». Comment décider ? Sera-ce, est-ce un roman ? Parfois, une brève remarque dénote le ton d'un romancier :

> [...] la famille de ma femme a toujours éveillé ma curiosité. Nous ne la visitons que rarement et les heures que nous y passons sont de tout repos. Pourtant il se joue là des drames et certains regards de Louise m'ont entraîné plus loin que je n'aurais le courage d'aller moi-même[111].

---

109. « Les processus qui [...] militent contre la création des personnages individualisés trouvent exemple dans *La Fin des songes,* où Élie interrompt une narration à la troisième personne et au présent pour se lancer dans une longue narration à la première personne, tirée du journal de Marcel » (Arlène Steiger, « Le roman québécois : considérations sociologiques », dans *Possibles,* vol. 2, n° 1, automne 1977, p. 88-89).

110. *La Fin des songes,* p. 128. Ou encore ceci : « [...] il ne se souvient pas d'un seul dimanche qui ne fût pas une journée perdue, une page blanche sur laquelle il a toujours fait de vains efforts pour écrire quelque chose » (p. 45).

111. *Ibid.,* p. 127.

Mais par ailleurs, le journal nous est donné comme une entreprise urgente et désespérée, la bouteille à la mer, les ultimes paroles d'un homme qui s'enfonce dans la solitude et vers la mort.

Ceci dit, on ne s'étonnera pas de voir la dimension institutionnelle de la littérature à peu près absente du texte. En revanche, il convient d'interroger les blancs de la caractérisation psychologique. L'introspection constante, les multiples « états d'âme » et toutes leurs nuances appellent une question qui reste sans réponse : pourquoi et comment Marcel est-il ce qu'il est ? Passe encore que les phénomènes de la conscience surviennent comme de purs « faits », mais jamais le commentaire ne les circonstancie comme l'aboutissement d'événements antécédents ou concomitants. Il en va de même chez les autres personnages, par exemple Louise, cette belle-sœur dont Marcel s'éprend dans la honte et le désespoir. On dirait un paradoxal behaviorisme mental : les états de la vie intérieure sont eux-mêmes des dehors qui agissent, on ne sait trop pourquoi, les uns sur les autres. D'où l'impression qu'il n'arrive rien.

Nul n'écrit parce qu'il se trouve heureux. L'écriture, surplus inutile de signes, est le luxe d'un manque, l'abondance d'une pénurie dans le monde. Seule une critique inconsciemment moralisatrice fera grief à un romancier de ses créatures infortunées, moroses, impuissantes[112]. Elles font les bons personnages, à charge bien sûr pour le discours d'assortir le bonheur et le

112. Il semble bien que Jacques Pelletier n'ait pas échappé à ce travers dans son commentaire de *La Fin des songes* (« *La Relève* : une idéologie des années 1930 », *Voix et images du pays V*, 1972, p. 118-119).

plaisir des mots à la détresse des choses. S'il paraît légitime de considérer le personnage-auteur comme un double de l'écrivain, un autre personnage moins marqué, tel le Marcel de *La Fin des songes,* pourrait bien jouer ce rôle aussi, et à un niveau plus profond hors des prises conceptuelles et méthodologiques de ce travail. C'est la question qu'adresse le roman de Robert Élie : elle dévoile les limites de notre entreprise. On remarquera enfin qu'ici encore, le texte est parcouru par la faille déjà observée ailleurs : il semble que le discours québécois ne puisse représenter le destin de l'écrivain autrement que dans la déchirure. La grande majorité des attributs notables de la littérature et de la culture est greffée sur Marcel que le texte désigne explicitement comme étant faible, passif, velléitaire, tourné vers le passé. Prédicativement (si l'on peut s'exprimer ainsi), Marcel s'oppose à Bernard[113], son ami et contraire, le seul autre protagoniste masculin, marqué homme d'action, soucieux de s'affirmer, désireux de vivre dans le présent. « Bernard ne lit, ou, plutôt, ne relit plus que Stendhal depuis quelques mois[114] ». Et le texte d'ajouter peu après :

> Marcel, au fond, envie ce regard de Stendhal et, surtout, la force qu'il a de se livrer à un jeu de massacre sans jamais douter de lui-même. Il n'a que sa victoire à lui reprocher, ses livres, cette voix qu'on ne peut plus faire taire[115].

113. La troisième et dernière partie du roman est focalisée sur Bernard.

114. *La Fin des songes,* p. 37.

115. *Ibid.,* p. 38.

LES ÉCRIVAINS DE ROBERT CHARBONNEAU

André Laroudan relate son enfance et son adolescence dans un long prologue à *Ils posséderont la terre* de Robert Charbonneau. « Il est dur, sans transition, de faire un intellectuel d'un fils de paysan », avoue-t-il[116]. Est-ce coïncidence, il se trouve que Charbonneau lui-même ne ménage aucune transition : le discours va *staccato* par thèmes courts, secs, dépourvus d'harmoniques. Rien n'est développé. On aime sans se mettre à aimer. On souffre sans avoir commencé à souffrir. Comment l'écrivain peut-il paraître dans l'atemporel et l'anhistorique ? Mais ce caractère formel, paradoxalement, doit lui-même être envisagé en fonction d'une histoire et d'un temps *réels.* Le texte d'ailleurs nous y invite :

> Mais féru de Virgile et d'Horace, je trouvais nos paysans vulgaires[117].
>
> [...] J'aimais m'imaginer à la tête d'une grande industrie, fier, admiré, redouté, à la façon de ces grands bourgeois, peints par monsieur Bourget[118].
>
> [...] Je m'accrochais à des habitudes, à des règles, à des lectures, regrettant de n'avoir aucune tradition intellectuelle de famille à continuer, d'avoir à me hisser à force de poignet à la culture[119].

Puis André rencontre Edward Wilding, fils d'ambassadeur, grande bourgeoisie (semble-t-il). Edward lit *Ulysse,* rêve à Bloom[120]. On voit l'écart, la rupture par

---

116. *Ils posséderont la terre,* p. 36.
117. *Ibid.,* p. 29.
118. *Ibid.,* p. 37.
119. *Ibid.,* p. 48.
120. *Ibid.,* p. 51, p. 53.

rapport à Bourget ! Mais le signifiant ne se met pas à parler comme Joyce pour autant...

Ce qui pourrait ressembler ici à une boutade entraîne un constat majeur : si la relation d'André Laroudan ou le journal intime de Marcel Larocque avaient signalé des écarts, des transgressions, ou encore des réitérations voulues par rapport au langage du narrateur *du* récit et même au code sociolittéraire général, ils auraient donné à voir non seulement un narrateur *dans* le récit mais aussi et surtout UN ÉCRIVAIN AU TRAVAIL[121]. La rupture de l'homogénéité stylistique évoquerait immanquablement les transformations que le romancier fait subir au discours social. Nous aurions deux positions homologues. Or dans les romans vus jusqu'ici, ce sont des actions et surtout des indices qui instituent un personnage comme écrivain plutôt que son écriture.

Il est singulier que l'étroitesse et la pauvreté de l'ouverture référentielle s'accompagnent chez Élie et Charbonneau d'une riche variété narratologique : dans *Ils posséderont la terre,* le « je » (André) fait place après le prologue à un énonciateur absent (3e personne). Edward devient alors le personnage principal. Le narrateur, d'abord omniscient, occupe par la suite diverses positions focales. Ces changements supposent un auteur fort averti des procédés du discours romanesque[122]. Substituons aux écrivains « possibles » Marcel

---

121. Par exemple, c'est déjà le cas du journal de Jodoin dans *Le Libraire* de Gérard Bessette (1960). Voir sur Jodoin les observations perspicaces de Jacques Allard, « Le roman québécois des années 1960 à 1968 », *Europe,* février-mars 1969, p. 42-43.

122. Sur la vision narrative dans Charbonneau, consulter Réjean Robidoux, « Le roman québécois au tournant des années 40 »,

Larocque ou André Laroudan un personnage posé dès le départ comme écrivain, « in actu » : la gamme des choix narratifs serait plus restreinte. Comment en effet renoncer à son point de vue ? Comment même imaginer que l'auteur puisse consentir à le regarder de l'extérieur ? Comment enfin ne pas prévoir que le temps de son écriture, et même de sa vision du monde (comme temps de la chose « racontée ») finira par entraîner le temps du récit ? Le personnage-écrivain invite l'auteur à mettre de la narration dans le contenu narratif, en somme à redoubler le discours. Son peu de réalité dans *La Fin des songes* et *Ils posséderont la terre* par rapport à la complexité inattendue de la stratégie narrative a une portée qui excède le texte. Oserait-on parler de richesse du pauvre ? Puisque le personnage est à la fois *référentiel* (signe de l'idéologie, de la culture « extérieure ») et *embrayeur* (signe de « la présence en texte de l'auteur » selon la formule de Hamon[123]), le code littéraire (le dispositif narratologique) joue ici telle une véritable contre-épreuve : il mesure un statut de la littérature et la possibilité d'un sujet. Nous sommes, en dernière analyse, renvoyés au hors-texte.

Le deuxième roman de Robert Charbonneau, *Fontile*[124], demeure en gros tributaire de l'époque. Julien Pollender se lance dans la politique comme André Laurent et Georges Hautecroix ; au lieu de diriger un journal, il gère l'entreprise familiale dans une ville

---

Europe, février-mars, 1969, p. 35, et surtout Réjean Robidoux et André Renaud, *Le Roman canadien-français du vingtième siècle*, Éditions de l'Université d'Ottawa, 1966, p. 119-125.

123. Philippe Hamon, « Pour un statut sémiologique du personnage », *Littérature*, nº 6, mai 1972, p. 94-95.

124. Écrit à la première personne.

industrielle de province. C'est déjà beaucoup. Or on dirait qu'il fait tout cela par défaut car ses espoirs et ses regrets les plus intimes ont pour objet la poésie. Elle traverse sa vie en cristallisant les manifestations éparses de son manque au monde et à lui-même. D'un côté, il parle de sa « vocation poétique[125] » ; a publié naguère « quelques poèmes dans des revues d'avant-garde[126] » ; affirme : « J'avais trop l'habitude de me penser comme écrivain[127] » ; « écrit » le matin avant d'aller aux réunions du « conseil de direction[128] ». Et au dernier chapitre, un ami envoie ses textes à un éditeur qui offre de les publier. De l'autre côté, après avoir attiré l'attention sur son « physique débile[129] » et « la débilité » sans doute consécutive de tout ce qu'il écrit[130], il nous tient au fait de son « impuissance à créer[131] », de son inaptitude à « la carrière des lettres qui l'attirait violemment[132] », de sa hantise « d'être considéré comme un poète de province[133] ». Encore un écrivain possible donc, un personnage qui aspire à le devenir, juste un peu plus « réalisé », concrétisé que le Marcel Larocque de Robert Élie.

À trente ans, Julien essaie d'analyser un mal intérieur dont les visages sont nombreux : divorce entre écrire et agir ; et un certain ensemble de traits constatés qui annoncent le Fabrice Navarin de Jean Simard[134]

---

125. *Fontile*, p. 17.
126. *Ibid.*, p. 53.
127. *Ibid.*, p. 144.
128. *Ibid.*, p. 141.
129. *Ibid.*, p. 38.
130. *Ibid.*, p. 44.
131. *Ibid.*, *p.* 43.
132. *Ibid.*, p. 58.
133. *Ibid.*, p. 104.
134. *Mon fils pourtant heureux* (1956).

(aliénation religieuse, peur de la vie, etc.) ; enfin et surtout : une angoisse sourde et sans objet. Il sera sauvé par la femme qu'il prétend aimer, sa cousine Armande. Celle-ci souffre d'une maladie mystérieuse. Elle dépérit, pâlit de jour en jour. Il faut préciser qu'elle a offert sa vie en échange de la guérison spirituelle de Julien. À mesure qu'elle se rapproche de la fin, tout se met à mieux aller pour lui : il agit, se dépense de plus en plus. Ses empêchements cèdent. Son impuissance diminue. C'est assez horrible : une sorte de vampirisme : « Cette vie nouvelle qui m'envahissait semblait à mesure se retirer d'Armande[135] ». Quelques jours avant la mort d'Armande, un éditeur fait signe à Julien ; le jour de sa mort, il est élu député. « La carrière des lettres, avoue-t-il, ne m'attirait plus exclusivement. Je continuerais d'écrire, mais l'action m'était devenue nécessaire[136] ».

On nous pardonnera de nous être attardé un peu trop longuement sur la substance narrative : c'est qu'elle permet de mieux voir comment ce roman de la parole se transforme et s'achève en un roman du code. Julien Pollender pourra s'appeler désormais Georges Hautecroix[137]. Le passage du sujet à l'institution s'accomplit entre le « je » de la narration très proche (« en évoquant *les événements de cette dernière année,* il me semble vivre la fin d'un cauchemar[138] ») et un « il » terminal implicite dont on sait très bien qu'il surgirait de l'effacement du « je » si le récit se continuait après la dernière phrase (« [...] et dans une de ces maisons que

135. *Fontile,* p. 170.
136. *Ibid.*, p. 195.
137. Voir plus haut, note 102.
138. *Fontile,* p. 9. Les soulignés sont de nous.

la distance m'empêchait de distinguer, la femme que j'aimais dormait de son dernier sommeil[139] »). Car le je-personnage n'existe plus ou plutôt Armande l'a emporté avec elle dans la tombe. Le nouveau député si actif, l'homme d'affaires entreprenant, l'auteur distingué n'éprouvera plus le besoin de se raconter : *ON* LE RACONTERA. Le narrateur, notons-le bien, se montre tout au long complice de ce « il » à venir : par de curieuses ellipses et anisochronies (la temporalité chez Charbonneau mériterait à elle seule une longue étude), il semble veiller particulièrement à ce que son personnage n'arrive pas à se constituer comme sujet-écrivain. Les rencontres et conversations avec Armande, la femme aimée promise à la mort, sont non seulement peu fréquentes, leur extrême brièveté ainsi que leur laconisme leur confèrent l'allure de constats, de secs énoncés de faits (il en va de même pour sa mort). L'absence de durée et de développement romanesques là où ils sont attendus ne s'avérerait pas aussi signifiante si les propos d'apparence futile échangés entre des comparses tels le parasite Loignon et le journaliste Bonneville ne nous étaient pas en revanche longuement rapportés. Armande meurt dans le discours avant de mourir dans l'histoire ! Si Julien Pollender avait pu « écrire » Armande et « s'écrire » face à elle, nous n'aurions pas eu transfert de l'intérieur vers l'extérieur, mais un approfondissement réel de l'intérieur avec la chance de l'avènement d'un écrivain. Le cadavre d'Armande, c'est le sien[140].

---

139. *Ibid.*, p. 201. Les soulignés sont de nous.

140. On ne croit pas pertinent de commenter ici *Chronique de l'âge amer* (Édition du Sablier, 1967) en raison de son statut trop ambigu. Sous-titré roman (?), son affabulation paraît si ténue qu'il est difficile de ne pas le lire comme s'il s'agissait de souvenirs, de

OUVERTURES

Ce parcours trop bref d'une dizaine d'œuvres dont la grande majorité a été publiée avant 1955 a voulu éclairer dans une certaine mesure, par le biais d'un personnage : l'écrivain, et d'un thème : la littérature, certaines des conditions générales d'ordre socioculturel qui ont marqué à ses débuts le roman québécois contemporain. Foyer privilégié pour l'observation, le personnage de l'écrivain par son faire, son être et son dire permet de constater aux niveaux de la fable et de son énonciation comment le romancier joue pour ainsi dire en abyme des codes et de l'institution qui engendrent son discours. Encore faut-il que des personnages parviennent d'abord à exister[141]. Ensuite, entre caractériser extérieurement un écrivain et le constituer en sujet, il y a une marge. Comme manque ou aspiration, marqué en creux, le sujet demeure virtuel. Il n'existe que s'il y a un objet, ici la littérature : œuvres, prati-

---

mémoires ou encore d'une véritable chronique. Puisque le lecteur ne voit pas Philippe Servet mais Jean Le Moyne, Olivier Cromaire mais Saint-Denys Garneau, etc., il se demande si la mince « fictionalisation » n'a pas pour but de permettre à l'auteur de dire sans les précautions d'usage ce que d'autres types de discours interdiraient. Il est impossible de suivre Madeleine Ducrocq-Poirier lorsqu'elle affirme qu'il ne faut pas considérer les « personnages » comme des « clés » (*Robert Charbonneau,* Fides, 1972, p. 104). Le problème réside dans le fait que nous ne sommes pas laissés libres. Au reste, ils ne sont pas des « clés » dans la mesure où ils ne sont pas des « personnages ». À noter que le narrateur (nommé François) demeure muet sur les œuvres de ces écrivains « réels ». Le parti pris de Charbonneau étonne lorsqu'on songe qu'il avait beaucoup réfléchi à la forme romanesque (*Connaissance du personnage,* L'Arbre, 1944).

141. Fait notable et qui demanderait à être expliqué : les personnages des romans de la vie du peuple (Lemelin, Gabrielle Roy) apparaissent beaucoup plus vivants, « présents », que ceux des romans de la vie bourgeoise (Élie, Hamel, Charbonneau).

ques, milieu, influences, etc., dans leurs rapports entre eux et avec une société. Mais l'objet se dérobe où des objets vicariants apparaissent : journalisme, politique, commerce. Le roman de cette période n'arrive pas à instaurer un sujet-écrivain (*romans de la parole*). Mais il réussit mal pareillement à poser l'institution : elle se traduit moins par ses instances concrètes que par des signes globaux : la réussite sociale, la vie mondaine, etc. *(romans du code)*. La polarisation de certains signes selon une dualité actorielle récurrente nous a amené à parler d'une opposition nature-culture (surtout visible dans les *romans du code*). Il n'est pas sûr, à ce stade, qu'on puisse la considérer parallèle et homologue à l'opposition entre les deux familles de romans. L'ensemble de ces traits, pensons-nous, a un signifié social. L'écart entre une volonté ou un besoin statistiquement fréquents de « représenter » l'écrivain et la possibilité effective de le faire (par des acteurs psychologiques et des « actants » sociaux insuffisants) renvoie à la situation concrète de l'écrivain dans la société. Et à ce propos, peut-être faudrait-il moins invoquer (comme c'est la coutume) l'idéologie québécoise traditionnelle qu'un ensemble de questions touchant :

1. La conception et le statut du langage dans notre société.
2. Les rapports entre ces derniers et la structure sociale.
3. La situation et la fonction réelles de la « bourgeoisie ».
4. Le rapport entre la « bourgeoisie » et la culture.

Ces questions appelleraient, entre autres, une sociolinguistique et une sémiotique de la culture. Mais si le critique peut et doit désigner l'objet social, il ne lui est pas toujours possible d'en proposer la théorie. C'est *dans* le texte qu'il constate, à l'instar de Lacordaire, que « les champs et les héros sont unis entre eux par une mystérieuse harmonie[142] ».

---

142. Cité par Charles Grivel, *Production de l'intérêt romanesque*, Mouton, 1973, p. 5. – En fait, une sociocritique valablement constituée – on pense ici aux perspectives ouvertes par Adorno – impliquerait non seulement une théorie du texte mais aussi une théorie de la société, autrement dit, une théorie esthétique jointe à une théorie sociale.

CHAPITRE IV

L'ÉCRIVAIN COMME PRODUIT DU LANGAGE

Qu'en serait-il de l'écrivain-personnage dans un texte narratif qui ne fût pas « réaliste », au sujet duquel ne se poserait pas avec autant d'à-propos la question du plus ou moins référentiel ? Pensons au conte merveilleux, au récit fantastique, à la science-fiction. On verrait vite – c'est une hypothèse – comment la forme (le genre) joue sa partie, contraint l'acteur, le détermine. Ainsi l'écrivain, sous une apparence ou une autre, est tellement fréquent dans l'univers fantastique qu'il en acquiert un caractère quasi obligé : c'est presque une marque formelle[1]. Le merveilleux, lui, ne pourrait faire place qu'au livre magique ou à la rigueur à l'écrivain public du village ou du palais[2]. Quant à la science-fiction, on devine les aspects radicalement nouveaux, voire déconcertants, dont elle doterait la production et la fonction de la littérature[3].

---

1. À ce sujet, Louis Vax, *La Séduction de l'étrange,* P.U.F., 1965, p. 218-219, et Jean Bellemin-Noël, « Notes sur le fantastique », *Littérature,* n° 8, déc. 1972, p. 3-23.

2. Par exemple, dans un conte de Brentano, « le noble Alektryo, héraut, gardien des Armoiries, veilleur, *Notarius Publicus* et poète [...] », ou encore les « trois Alchimistes graveurs de sceaux » (Clemens Brentano, *Fanferlise et autres contes,* traduit de l'allemand, Flammarion, 1971, p. 89, p. 115-116).

3. Tentative intéressante, entre autres, de James Blish dans une nouvelle intitulée « L'artiste et son œuvre » (*Histoires de robots, La Grande Anthologie de la science-fiction,* Le Livre de poche, 1974, p. 337-361).

Ce simple jeu des substitutions laisse entrevoir la situation particulière du personnage-écrivain dans le discours « réaliste » : tributaire ici aussi de l'armature même de la fiction, sa vraisemblance et sa crédibilité posent de surcroît des problèmes spécifiques. On pourrait sans trop compromettre le système du texte faire commuter pour le père Goriot la marque « commerçant ruiné » avec : « médecin pauvre », « musicien indigent » (tel le cousin Pons), « avoué déchu », mais sûrement pas avec « poète famélique » ou « romancier vivant d'expédients ». Pourtant, à y regarder de près, ce sont toutes là des qualifications et non des fonctions ou des opérations ; et si, dans cet exemple, « être écrivain » se trouve rejeté, ce n'est pas non plus en raison d'une contrainte logique (« être prêtre »). Tout se passe comme si, dans le cas de l'écrivain, la qualification annexait la fonction et la figure déjouait la structure. Déjà, dans la vie réelle, la personne qui écrit jouit d'un privilège analogue : c'est toute notre culture et notre tradition qui nous poussent à nous exclamer à la lecture du *Baudelaire* de Sartre : comment oser parler d'échec et de vie ratée au sujet de l'auteur des *Fleurs du mal* ? Un autre exemple : qu'importe l'enfer du Harrar quand on a été Rimbaud ! Or il en va souvent de même pour la société représentée dans la fiction : ajoutez à Frédéric Moreau la qualité d'écrivain, et *L'Éducation sentimentale* n'est plus tout à fait le « roman de la désillusion » dont parlait Lukács : suite au fameux « et ce fut tout » de la fin, il subsiste la possibilité d'un chef-d'œuvre (qui pourrait être *L'Éducation sentimentale* elle-même !). Il suffit de conférer au héros l'attribut « écrivain » pour qu'un même contenu narratif demeure comme « suspendu », pour qu'un jugement sur l'issue (échec ou réussite ?) se trouve pour ainsi dire différé. Le texte ne s'achève pas complètement avec le dernier mot. Tout ce que nous venons de lire, tout ce qui vient d'arriver aurait pu ou pourrait servir de matière à un livre… Rappelons-nous Denis Boucher dans *Au pied de la pente douce* réécrivant en la modifiant la vie de Jean Colin. La règle analytique qui prescrit de considérer l'actant comme rigoureusement indépendant des contenus figuratifs (et le rôle comme dépourvu de tout sème d'individuation) s'avérerait ici d'un maniement délicat.

Cette modalisation d'un VIVRE par la possibilité d'un ÉCRIRE a certes des racines idéologiques profondes : ce qui est en cause, c'est la croyance, depuis la Renaissance, en la grandeur intrinsèque, ontologique, de l'artiste. Acceptée tacitement, jamais remise en question, elle concourt pour une bonne part à la crédibilité et à la vraisemblance même du personnage : l'ÊTRE de l'artiste excède l'AGIR de l'acteur, il ne se réduit pas à lui, de l'écart entre les deux se répand une lumière diffuse sur tout le texte… Or répétons-le, nous demeurons manifestement ici sur le plan de la qualification, au lieu même où le discours « réaliste »[4] joue à plein : très souvent en effet, il s'agit de ces expansions discursives constituées en gros par les informations de toutes sortes, les indices variés, les « notations d'atmosphère », les descriptions (décor, milieu, etc.). En d'autres termes, pour des motifs mêlés de contrainte idéologique interne et de légalité génologique, le personnage-écrivain est difficilement séparable d'un discours « réaliste ».

---

4. « Réaliste », faut-il enfin le préciser, au sens large du terme : il ne s'agit pas nommément de l'esthétique réaliste du dix-neuvième siècle.

> Les *réalités* dont écrit le roman, affirme Claude Duchet, qu'elles soient paroles, gestes, objets, lieux, événements, personnages, sont des réalités crédibles, en ce sens qu'elles ont un *analogon* dans la réalité extra-linguistique, et la matière textuelle n'est pas un pur être de fiction[5].

MIMÉSIS ET CONTEXTUALISATION

Ces remarques préalables à l'examen de certaines œuvres de la période 1955-1960 éclairent rétrospectivement celles de la période précédente. Puisque le personnage-écrivain constitue, globalement, un « effet de réel », son peu de réalité serait réel, ses manques définiraient autant que ses pleins sa plausibilité et sa possibilité. Le hors-texte troue le texte qui s'offre alors à nous comme cet « ensemble perforé » dont parle Philippe Hamon d'après Lévi-Strauss[6]. Il n'y a pas que le plan des fonctions qui soit asservi à des contraintes (*i. e.* les possibles narratifs). Des empêchements culturels peuvent donc aussi venir restreindre la capacité combinatoire des indicateurs de la mimésis. Pourquoi sommes-nous tenus dans l'ignorance des titres des livres que lit le futur écrivain Christine ? Quel éditeur publie Georges Hautecroix ? Qu'est-ce qui « motive » le *tædium vitæ* de Marcel Larocque ? Ces questions déjà posées, on peut les reprendre toutes ici, et d'autres encore. Pour quelle raison Robert Charbonneau se donne-t-il la peine de décrire en début de roman la structure sociale d'une petite ville industrielle du Québec tout en l'appelant par ailleurs Fontile ? Nom

---

5. Claude Duchet, « Une écriture de la socialité », *Poétique*, n° 16, 1973, p. 450.

6. Philippe Hamon, « Un discours contraint », *Poétique*, n° 16, 1973, p. 418.

fictif pour nom fictif, comparez les effets respectifs produits par *Fontile* chez Charbonneau et *Macklin* dans Langevin *(Poussière sur la ville).* La réponse ou plutôt les réponses ne résident nullement dans le fait que nous aurions là affaire à des discours délibérément réfractaires au type de référence analogique que supposent la mimésis ou le « réalisme », pris dans son acception générale. Car Christine se lie d'amitié avec le nègre Jackson, « porter » au « Canadien Pacifique » ; Georges Hautecroix fréquente « la brasserie Krausmann, square Philip » ; Marcel Larocque habite rue Fullum et fait des promenades rue Sainte-Catherine. La seule analyse des prédicats qualitatifs corroborerait ce dont nous nous étions déjà rendu compte : les romans des années quarante et cinquante, tout en pratiquant le mimétisme à des degrés et avec des fortunes divers, donnent à voir la littérature détachée de toutes conditions de production et en traduisent par là même une conception nettement idéaliste[7].

---

7. L'observation suivante d'Henri Mitterand semble avoir une portée plus générale car elle s'applique aux conditions matérielles de l'existence et à un roman qui ne propose pas de « pacte référentiel » : « Les silences qui me frappent le plus sont ceux qui gomment toute allusion à l'argent, au régime de la propriété, aux formes économiques du travail agricole et du travail urbain, aux mécanismes de la rémunération, au fonctionnement des pouvoirs » (« Coup de pistolet dans un concert : *Une saison dans la vie d'Emmanuel* », *Voix et images,* vol. II, n° 3, avril 1977, p. 414). Mais sont-ce bien là, selon les termes de l'auteur, du « refoulé » et des « silences », compte tenu du type de discours ? Il ne saurait y avoir de « non-dit » qu'en relation d'implication avec un « dit ». Peut-on sans risques reprocher au discours mythique l'absence de « réalisme » ? Lorsque les contraintes observées découlent principalement du code de la forme (le genre), c'est le choix même de cette forme dans une conjoncture donnée qui a une signification idéologique et signale la position historique concrète d'un sujet.

Dans les romans de la période suivante, l'écrivain (y compris la littérature) se « contextualise ». À titre de sujet de l'énoncé, il se met en rapport avec d'autres sujets, des attitudes, voire des idéologies à la fois plus définis et plus complexes tandis que le discours paraît à même d'étaler un monde continu, étoffé, « nappé », à force d'événements mais surtout de dialogues et de commentaires. En tant que sujet de l'énonciation, il n'opère plus tout à fait avec la même innocence et dans cette transparence qui fait croire que l'œuvre se fait toute seule de rien : voici que commencent à S'AVOUER l'intertextualité[8], le code formel, les incertitudes d'une écriture en progrès. Tout ceci certes est graduel et se manifeste sous forme de tendances. Il n'arrive pas encore que ce que nous appelons la « contextualisation » soit simultanément le fait du personnage et du narrateur, du moins avec une égale évidence. Mais *grosso modo,* on constatera dans ces romans soit que le contexte interne tend à faciliter l'émergence de certaines des déterminations institutionnelles de la littérature, soit que le sujet se dévoile partiellement au travail dans le présent de l'écriture ou au fil de l'intrigue. L'ensemble de ces informations relatives à l'institution et au sujet révèle plus ou moins les conditions concrètes de production de la littérature dans la société *fictive.* Faut-il souligner une fois de plus que l'œuvre qui propose une lecture référentielle (mimétique, réaliste) n'est pas référentielle au sens proprement linguistique du terme ? Aucun contrat de lisibilité ne saurait autoriser qu'on assimile la société

---

8. Ceci est déjà perceptible, mais sur le mode négatif, dans *Au pied de la pente douce* de Lemelin. – Élie, Charbonneau, Hamel « citent » à leur façon Bernanos, Mauriac, Malègue, sans le signaler.

représentée à la société réelle[9]. La question n'a pas changé : comment DIRE que la poupée de la grand-mère de Christine, à sa manière et selon sa finalité, DIT la réalité ?

SUR UN PERSONNAGE DE GILBERT CHOQUETTE

Il va sans dire que ce que nous avons appelé le *roman de la parole* et le *roman du code* ne s'efface pas d'une manière subite au seuil de la Révolution tranquille. Par exemple, si l'on n'y prend garde, *L'Interrogation*[10] de Gilbert Choquette, publié pourtant en mil neuf cent soixante-deux, se présente tout à fait comme un « roman de la parole » des années quarante. Il semble aussi impossible à Charles Dumais de s'édifier en un sujet capable de vouloir et d'obtenir Adrienne que ce l'était chez Marcel Larocque pour Louise ou Julien Pollender envers Armande. (On aura déjà commencé de soupçonner que, dans plusieurs de nos romans, la femme, fonctionnellement, a partie liée avec la possibilité d'écrire ou l'avènement même de la littérature). Mais tandis que Marcel a les attributs d'un « littéraire » et Julien ceux d'un auteur velléitaire, le pathétique Charles Dumais, en plus bourgeois encore, se contente d'être un médecin cultivé ; du reste, puisqu'il est aussi le narrateur, ni ses propos ni ceux d'autrui

---

9. « C'est qu'au fond, le discours littéraire ne réfère qu'à lui-même, certes, mais il le fait de façon différente à chaque période historique donnée. Par sa façon même de dire son immanence, il se situe dans l'histoire des systèmes de signification. C'est sa façon à lui de désigner, ou plutôt de "faire signe" [...] au social » (Bernard Andrès, « Pour une grammaire de l'énonciation pamphlétaire. Introduction aux *Pamphlets de Valdombre* », *Études littéraires*, août 1978).

10. Gilbert Choquette, *L'Interrogation*, Beauchemin, 1962.

n'accordent une place très grande à la littérature ou à ce qu'on a accoutumé de nommer la « culture littéraire ». Pourquoi donc, étant donné le personnage, parler de *L'Interrogation* ? C'est uniquement pour illustrer le fait que l'écrivain *dans* le texte n'offre pas la seule figure possible de l'écrivain *du* texte. Chez Charbonneau et Élie, sur fond d'une écriture sèche et prétendument objective, certaines marques qualitatives viennent tracer un personnage-auteur avec plus ou moins de netteté ; dans *L'Interrogation,* le « je » (Charles Dumais) et aussi les autres acteurs servent de supports constants à une expression *doublement* indexée comme littéraire : dialogues théâtralisés, répliques « ramassées » faisant effet, tirades, maximes, phrases balancées telles des périodes :

> C'est donc en vain qu'il y a quatorze ans je me serai cogné la tête une demi-heure durant contre la surface d'une sphère pour une jeune et jolie demoiselle ? En vain, pas tout à fait, puisque je trouvai la solution, mais quoi, mademoiselle, pouvais-je m'attendre à tant d'ingratitude ?[11]

Ou encore :

> Que n'ai-je contracté loin d'ici quand j'avais trente ans quelque fièvre pestilentielle ou quelque maladie des altitudes ! J'eusse du moins terminé en beauté une brève sinon fulgurante carrière. Hélas, la mort ne frappe que les vivants[12].

Et même :

> Pourquoi donc tous les deux ne sommes-nous pas penchés sur le même livre, nous qui fûmes faits

---

11. *L'Interrogation,* p. 24.
12. *Ibid.*, p. 44.

> pour nous comprendre, quoiqu'elle fût croyante et que je ne le fusse point ?[13]

Qui parle ici ? Un personnage, dira-t-on... Sauf qu'une certaine manière de SURMARQUER par endroits un discours peut équivaloir à des intrusions du narrateur et même, faut-il oser l'affirmer, à une quasi-inscription de l'auteur. Dans ce premier roman de Gilbert Choquette, ce n'est pas le personnage-écrivain qui a charge de disséminer une certaine vision de la littérature, c'est manifestement la mise en relief d'un certain code rhétorique, si bien qu'on ne sait plus très bien au fond si on a affaire à un roman du code ou à un roman de la parole. Nos catégories commencent à se brouiller.

UN ÉCRIVAIN (POURTANT) HEUREUX : LE FABRICE NAVARIN DE JEAN SIMARD

En revanche, *Mon fils pourtant heureux*[14] de Jean Simard offre un exemple singulièrement probant de « contextualisation » (sur le plan de l'énonciation). C'est un roman en tous points remarquable. Au premier examen, on croit se trouver sur un terrain déjà exploré. Fabrice Navarin, le narrateur (autodiégétique), a lui aussi un caractère d'écrivain selon le paradigme transmis : passion de la lecture, vive sensibilité, introversion, croyance au pouvoir des mots assemblés : « Et s'il était possible que *la correcte formulation*, aidant à ressusciter le passé et à cerner le présent, me servit à

---

13. *Ibid.*, p. 57.

14. Jean Simard, *Mon fils pourtant heureux*, Cercle du livre de France, 1956.

la fois d'exorcisme et de fil d'Ariane[15] »... Fabrice nourrit – mollement – des desseins littéraires :

> [...] je prenais des notes, en vue d'un ouvrage que je projetais – le roman banal habituel : avec son héros précocement désabusé, énigmatique, incompris des siens, malhabile au jeu, malheureux à l'école et déçu par l'amour[16].

Effectivement, ce héros « en abyme » est de la famille de Julien Pollender, Charles Dumais et Marcel Larocque ; et il convient d'ajouter que du point de vue de la substance narrative, il n'y a dans le roman de Jean Simard rien d'inattendu : une autre histoire d'aliénation psychologique et religieuse (cette fois à Québec) en milieu bourgeois janséniste ; Fabrice parle donc de ses parents, son enfance, la vie familiale, la mentalité, ses études au Petit Séminaire, etc.

Or tout ceci, malgré des pages poignantes[17], ne se donne pas comme une sorte d'essentiel oppressant cherchant péniblement une issue vers l'extérieur. Le contenu de ce parfait petit manuel de la dépossession est « indexé » au second degré, si l'on peut s'exprimer ainsi, par une expression nette, vive, nerveuse, d'une extrême précision ; un « je » se regarde souffrir ou se souvient du milieu qui l'a fait souffrir avec une verve caustique :

---

15. *Ibid.*, p. 9. Les soulignés sont de nous.

16. *Ibid.*, p. 183. Il faut ici dresser l'oreille : s'agirait-il du roman que nous sommes en train de lire ? Et d'une invitation à chercher l'original et l'inusité AILLEURS que dans le contenu ? Il suffit de se poser la question pour que déjà le rapport du discours à l'intrigue perde de sa belle (et apparente) limpidité.

17. Par exemple, le journal intime et la mort du père de Fabrice (p. 143-155).

> Nous possédons, d'ailleurs, dans notre famille, de surprenants talents pour ne point voir les choses déplaisantes. Cela va même jusqu'à nier parfois l'évidence même, qui devrait nous crever les yeux... La *comparaison classique* avec les mœurs furtives de l'autruche s'imposerait ici, n'était que les zoologistes modernes aient fait justice du préjugé qui veut nous la montrer, au moment du danger, la tête enfouie dans le sable. Mais *l'évocation* des habitudes controversées de ce gros oiseau n'en ramène pas moins *la trame de mon récit* du côté des femmes de la famille [...][18].

L'on voudrait parler aussi d'une manière de détachement ironique. Mais peu importe : ce qui compte, c'est la distance d'abord manifestée entre le je-auteur et le je-acteur.

Un phénomène de même nature, constaté rappelons-le dans *Rue Deschambault* et *La Route d'Altamont* de Gabrielle Roy, n'engageait pas l'aspect verbal du texte au même titre que chez Jean Simard. Avec *Mon fils pourtant heureux,* un discours s'instaure et avance en marquant les conditions de son progrès, de son mouvement. Fabrice n'est plus réductible à son histoire, il reflue vers l'énonciation ; et comment le croire à ce point victime de la vie puisque *l'autre* face de son « je » s'affiche si beau et bon joueur envers les mots, le code littéraire ? C'est le contrat même de lecture qui s'en trouve modifié : quand le discours cesse

18. *Ibid.*, p. 28-29. Notez comment la narration se dévoile tout en se mêlant à l'action. Un pur fait discursif (comparer une attitude au comportement de l'autruche) détermine une stratégie narrative (il est temps d'aborder les personnages féminins) et, en dernière analyse, la diégèse : la caractérisation de ces personnages. Il y a du Sterne et du Diderot chez Jean Simard. (Les soulignés sont de nous).

de donner son représenté en transparence et fait mine d'exister pour lui-même (une première figure est non seulement énoncée comme « classique » mais, par le détour d'une seconde figure, la paralipse, justifie l'entrée en scène d'acteurs qu'elle contribue au surplus à qualifier), la convention mimétique – toujours opérante car il s'agit d'un roman – perd toutefois de son caractère contraignant. Le grand-père de Fabrice Navarin (?) peut bien, s'appelant Théobald de Valauris, porter en plein Québec des années trente un nom de personnage de Barbey d'Aurevilly ou de Jean de la Varende...

On ne s'étonnera donc pas de voir à l'œuvre dans ce texte une rhétorique se signalant à la fois comme consciente car elle joue ouvertement le cliché, et comme « jouissive » dans la mesure où elle vise à assurer au signifiant un poids et un étalement heureux. Le grand-père récite des vers :

> Sa femme, le regard humide, buvait littéralement ses paroles ; ses enfants – les garçons médusés, les filles œdipiennes et extatiques ; et jusqu'au souillon, de la porte de la cuisine, essuyant ses mains rouges à son tablier[19].

Le dernier de ces énoncés successifs en zeugma est constitué des marques les plus attendues *(position terminale* : le « souillon » après l'épouse, les fils, les filles ; *le lieu* : la cuisine ; *les attributs* : « mains rouges » et « tablier ») pour donner à la phrase le corps phonique et la « chute » requis. On dira donc que les clichés permettent ici la clausule. Dans l'exemple suivant : « [...] la servante, répondant à l'appel d'une petite cloche de

19. *Ibid.*, p. 25.

sacristie, apportait de la cuisine, selon des rites invariables, les mets *odorants,* les viandes *juteuses* [...][20] », les épithètes « odorants » et « juteuses » ont un tel caractère de banalité qu'elles fonctionnent comme un lointain écho (critique) du discours indirect libre : voici ce que se dirait M. Navarin père, lequel préside à ce dîner, s'il se mettait à parler des plats et du service... Leur utilité immédiate (elles n'ajoutent rien sémantiquement) est de l'ordre du pur signifiant : rythmer et équilibrer au moindre coût le mouvement de la phrase ; sauf que s'agissant ici d'énoncés littéraires, les traits les plus incontestables du signifiant ont à leur tour statut de signifié. Que voilà donc une révolte bien mesurée et bien proportionnée ! Quel plaisir n'éprouve-t-il pas, ce discours, à tourner à bon régime, avec ce quelque chose de plein et de rond qui rassure ! « [...] un luxe d'intrigues, de ruses, de diplomaties pour dresser l'embuscade, appâter la trappe, disposer les appelants[21] ». Remarquons ici comme il convient les deux groupes ternaires en ordre d'unités croissantes... Si Fabrice Navarin ne s'aime pas, son discours s'aime bien.

LE DISCOURS À DÉCOUVERT

Tout ceci ne présenterait rien d'inhabituel en soi s'il ne se trouvait associé avec une telle évidence et pour la première fois dans notre corpus à un héros-écrivain. Aussi bien ne s'agit-il pas encore des phénomènes discursifs les plus significatifs. On attachera peut-être plus d'importance aux constantes expansions du texte vers l'observation, la remarque, le commentaire, tous

---

20. *Ibid.,* p. 131. Les soulignés sont de nous.
21. *Ibid.,* p. 33.

de portée générale et ayant pour objet non seulement les événements mais les coutumes et les mœurs :

> Marie-Thérèse de Valauris était taillée, *comme la plupart des dames de sa génération,* sur le patron moral de la reine Victoria. Au physique, c'est plutôt la silhouette de la reine Marie à quoi je pense ; à ses toilettes surannées *que toutes les élégantes de l'Empire s'ingéniaient à contrefaire :* hautes bottines à boutons, vastes corsets engonçants qui gênent la respiration, corsages pavoisés de jabots, enguirlandés de colliers, chapeaux invraisemblables...[22]

Les propositions soulignées s'enlèvent parfaitement : l'énoncé reste intact. Certes, fonctionnellement, la distinction peut sembler parfois difficile à marquer entre le détail réaliste et ce qui paraît débordement du discours dont on trouvera cependant un exemple concluant dans le long développement sur la guerre qui ouvre le chapitre quinze :

> À vrai dire, depuis la dernière conflagration, le feu n'avait jamais cessé de couver sous la cendre, rougeoyant toujours quelque part sur la planète, à la merci du premier coup de vent qui l'attise. L'Espagne fut ce brasier, qui met le feu aux poudres. Dans son décor de montagnes et de pauvres villages, les adversaires de demain vinrent jouer l'avant-première de la tragédie, s'y affronter pour rire, s'y sonder, faire l'essai de leurs armes : les tanks, les chambres de torture, les avions plongeurs, le naphte. Tout le magasin des accessoires...[23]

---

22. *Ibid.*, p. 19. Les soulignés sont de nous. Selon Pierre de Grandpré, le roman de Simard est « à ranger sous la rubrique de l'essai autant que parmi les romans » (dans *Présence de la Critique*, p. 135).

23. *Ibid.*, p. 165-166.

Mais cela seul ne suffirait sans doute pas encore à montrer de façon probante comment Jean Simard a sensiblement modifié le contexte narrationnel du personnage-écrivain. Il faut ajouter à titre d'élément déterminant dans cet ensemble convergent le fait pour le discours de multiplier ses signes propres tout en désignant ou interrogeant avec insistance le code formel dont il procède.

Dès le début, nous sommes mal fixés sur le statut du texte :

> J'entreprends à quarante ans, avec la connivence de l'insomnie, de noircir chaque soir quelques pages de ce cahier. Non pas qu'il s'agisse d'un « journal », au sens précis, biographique du terme ; mais d'une tentative de compréhension. Je veux faire le point, jeter quelque clarté sur ce qui m'arrive[24].

Curieuse entreprise qui tout en se niant comme « journal » se donne les conditions de production et les objectifs reçus, habituels du « journal » ! (Marcel Larocque : « Ai-je vraiment le désir de me ressaisir ? Ce journal que je commence en cherchant à fixer mes impressions [...] en sera-t-il le moyen... ?[25] ».) Mais peu à peu d'autres signaux réflexifs apparaissent. D'abord la division même en chapitres mais surtout des énoncés comme ceux-ci : « [...] l'évocation des habitudes controversées de ce gros oiseau n'en ramène pas moins *la trame de mon récit* [...][26] » – « [...] il suffit à la *marche de mon récit* de savoir [...][27] » (Et *qui* doit savoir ? Sûrement pas celui qui « noircit » ce « cahier »

24. *Ibid.*, p. 9.
25. Robert Élie, *La Fin des songes*, p. 125.
26. *Mon fils pourtant heureux*, p. 29.
27. *Ibid.*, p. 37.

et qui, en principe sait tout d'avance). – « À ce stade de *mon récit...*[28] » – « Je notais, au début de cette *chronique* du temps révolu, qu'il ne s'agissait point là d'un *journal*, encore moins d'un *roman* ; mais face à moi-même, Fabrice Navarin, d'une *tentative d'objectivation*[29] ». Journal ? Récit ? Chronique ? Roman ? Évidemment, il s'agit d'un roman, terme qui figure d'ailleurs en sous-titre sur la couverture. Aussi le jeu ne porte-t-il pas sur la réalité même du code génologique mais sur ses signes. Ce qui commence donc à la façon d'un *roman de la parole* cherche ensuite à se signaler à l'opposé de tout ce qui n'est pas pure et entière et vraie parole : pas un « journal » parce que celui-ci est complaisant, narcissique, trop littéraire[30] ; pas un roman non plus car la fiction, c'est précisément le mensonge. Or ce faisant, notre roman de la parole se défait sous nos yeux dans la mesure même – et elle est grande – où il s'oblige à attirer notre attention sur le statut même du discours. Le roman de la parole faisait mine d'oblitérer ses conditions formelles, il ne les soulignait pas aux fins de les nier.

Au demeurant, ce n'est pas sans un certain amusement que l'on constate le caractère systématique de l'évocation de cette vie. Que voilà, se dit-on, un insomniaque et un désespéré consciencieux ! Mais à ce sujet, encore une fois, l'auteur *in actu* de quarante ans, entreprenant de se dire comme auteur en devenir révolu, prend la peine de découvrir son discours :

> Sacré souci d'écrire proprement ! Mais je suis né méticuleux. Du reste, le débraillé n'est pas forcé-

28. *Ibid.*, p. 73.
29. *Ibid.*, p. 195.
30. *Ibid.*, p. 9.

> ment gage de sincérité [...] J'écris ceci de façon proprette, ordonnée. Pas un pâté, pas une rature ! Terrible aveu de l'écriture : semblable aux empreintes digitales, elle me révèle et me trahit. Faudrait-il écrire à la machine, comme le criminel porte des gants ? À quoi bon ? Puisque j'ai formé le dessein de me définir à moi-même, autant regarder cela aussi : ces soins de petit bourgeois qui m'empêtrent et me caractérisent[31].

Singulier phénomène : en s'autoréfléchissant ainsi, le discours tend à réduire l'écart temporel et sémantique entre l'écrivain narrant et l'écrivain narré comme si le premier absorbait le second. Et c'est cet auteur-narrateur (auteur non pas du simple fait qu'il nous donne un livre – ce serait le cas de tous les romans écrits à la première personne – mais parce qu'il réalise un « je » passé constellé des signes de la culture littéraire[32] et ayant en outre formé le dessein d'écrire) qui finit par imposer sa présence. Observons comme ce nocturne « dessein de [se] définir à [soi]-même » qui suppose le soliloque met paradoxalement en relief un narrateur en rapport avec une tierce partie. À l'exemple

31. *Ibid.*, p. 9-10.

32. Ces signes sont légion dans *Mon fils pourtant heureux*. Voici une liste (incomplète) de noms propres appartenant au champ littéraire : Angélique Arnaud, Pascal, Saint-Cyran, Sartre (mentionné plusieurs fois), Saint-Simon, Tallemant des Réaux, *La Chartreuse de Parme*, Péguy, Marcel Proust, Barrès, Stendhal, Saint-John Perse, Homère, Aristote, Sophocle, Platon, Teilhard de Chardin. Le discours ajoute à l'existence proprement diégétique du héros une existence littéraire. Nous avons là une forme diffuse de mise en abyme de la littérature à l'instar de celle que ferait le peintre qui multiplierait dans son tableau les références à la peinture. Si ces références à la littérature étaient le fait non du narrateur mais de divers acteurs, il faudrait parler de la représentation d'un milieu littéraire, ce qui n'est pas encore le cas. Il semble, dans celui qui nous occupe, que l'auteur doive « sécréter » son propre milieu. Il ne lui est pas donné par la société fictive.

déjà cité : « Il suffit à la marche de mon récit de savoir »… (remarque qui interpelle obligatoirement un auditeur distinct du locuteur), ajoutons de curieuses suppositions du type « on sait que[33] »…, ou encore des stratégies informatives dont on ne fait pas normalement usage envers soi-même : « Mais pour voir tout ceci dans sa juste perspective, il faut essayer de se représenter les premiers habitants de ce pays : cette poignée d'hommes héroïques ou désespérés, venus d'outre-mer[34] ». Il y a dans cette « pédagogie » narrationnelle de l'explication quelque chose qui hésite entre la troisième et la première personne.

Aussi ne convient-il pas de s'étonner lorsque ce « je » se met à évoquer ses parents à la troisième personne :

> Il est permis de se demander jusqu'à quel point la conduite disgracieuse de monsieur Navarin à l'égard de Stéphanie, son épouse, ne lui fut pas dictée par le même malaise qui l'incitait, au bureau, à rudoyer ses inférieurs ?[35]

Notre prétendu roman de la parole bascule en autre chose[36]. Le parti pris d'autofocalisation qu'implique l'entreprise de Fabrice Navarin fait place à l'absence de perspective narrative du narrateur omniscient qui connaît les paroles et jusqu'aux pensées secrètes de sa mère et de son père avant sa naissance :

33. *Ibid.*, p. 46.
34. *Ibid.*, p. 51.
35. *Ibid.*, p. 55.
36. « Le Je, affirme Félicien Marceau, est le pronom de l'authenticité », (*Le Roman en liberté,* Gallimard, 1978, p. 47). Le roman de la parole, nous l'avons vu, préfère la première personne dans la mesure où le « je » se parle, « on » ne parle pas de lui, ce qui permet de taire ses déterminations.

> Stéphanie, de son côté, n'était pas sans ressentir quelque frayeur ; mais jamais du caractère lancinant de celle qui torturait son fiancé. Non, il s'agissait plutôt, dans son cas, d'une crainte vague et comme de seconde zone, estompée d'ailleurs par le brouhaha des ultimes préparatifs[37].

Sur sa lancée, le narrateur peut fort bien se permettre d'accorder la parole à un éventuel objecteur qui est peut-être le lecteur :

> Je puisai donc sans compter dans le trésor[38] : prenant l'habitude de confondre la culture avec l'expérience, le monde illusoire de la lecture avec la vie même...
>
> — En somme, vous vous méfiez de la lecture ?
>
> — Au contraire ! Je reproche précisément à notre époque de ne plus savoir lire [...][39].

Tout se passe comme si quelqu'un, dont on vient de relever diverses traces, regardait par-dessus son épaule Fabrice Navarin « noircir » ses cahiers, quelqu'un auquel il fallait montrer qu'on connaît le français, qu'on sait écrire, qu'on a du vocabulaire, de la culture, des idées, et aussi qu'on n'oublie rien.

Il y a ainsi dans le roman de Jean Simard un « trop » qui signale son contraire : le resserré, l'étroit, le contraint. La nouveauté de l'entreprise y trouve à la fois sa limite et son ambiguïté. Ce serait une erreur de croire que l'Instance régulatrice omniprésente ne s'inscrit dans un texte que par les vides et les manques ; elle peut aussi changer le moins en plus et signifier l'absence par l'excédent. Dans *Mon fils pourtant*

---

37. *Mon fils pourtant heureux*, p. 46.
38. Il s'agit de la bibliothèque paternelle.
39. *Mon fils pourtant heureux*, p. 135.

heureux, l'institution littéraire NE VA PAS ENCORE SANS DIRE (posée comme allant de soi, comme constitutive, et en même temps déjouée). Mais au moins elle se trouve reconnue et c'est même elle, en dernière analyse, qui sur le plan de l'énonciation « contextualise » le personnage-écrivain par le caractère EXPANSIF et autotélique du discours à force de clichés, de « plages » idéologiques, de redondance lexicale ; par la référence incertaine mais sans cesse reprise aux codes formels, roman, journal, chronique, récit, etc. ; et par la mobilité kaléidoscopique du dispositif narratologique, voix et points de vue quant au narrateur, inscriptions diverses du lecteur. Mais aussi et surtout, dans cette façon de faire jouer les systèmes comme on fait jouer ses muscles et ses membres, pour le plaisir, quel désir et quel besoin de liberté !

JOURNAL DE PARIS

Or le roman de Jean Simard ne pouvait soutenir jusqu'à la fin cette entreprise (inédite) où la servitude spirituelle du héros est relayée par l'émancipation du discours. Brusquement tout change lorsque, la relation de la vie passée de Fabrice se donnant comme terminée, l'écriture débouche sur l'angoisse du présent et de l'avenir (comme si dans la fiction elle-même, les mots finissaient par buter contre la vie) :

> Jusqu'à maintenant, le récit s'est déroulé à l'imparfait, au passé antérieur et au plus-que-parfait. Mais le conte a rejoint le narrateur, et me voici acculé tout à coup au temps présent, au passé immédiat[40].

---

40. *Ibid.*, p. 196. – Ici encore ou plutôt même ici, telle une sorte d'adieu car c'est la dernière mention explicite, une conscience aiguë des moyens offerts par le code narratologique…

Les trente dernières pages de ce qui ne se voulait pas un journal sont des pages de journal, d'un vrai, avec l'inscription de la date :

> 6 juillet – Horrible semaine ! Semaine d'affreux malaise, de démission, d'angoisse presque ininterrompue. Chaleur d'étuve. Pression atmosphérique insupportable. Moiteur… Tout mouvement semble une déperdition. Désœuvrement. Tentation de fuite, à la fois, et de réclusion[41].

Les marques ostensibles du « conte » et du « narrateur » s'effacent et le jeu s'achève ; Fabrice Navarin se résorbe en Marcel Larocque. Voici donc revenu le moment d'un langage transparent et adéquat à la sincérité brûlante de l'aveu. Notre roman *sur* les codes s'est transformé soudain en un roman de la parole.

C'est à Paris que notre héros-écrivain commence son journal, lieu proprement mythique saturé de signes dont il attend après le choc initial (« Je suis rentré à l'hôtel […], m'y suis barricadé durant des jours, incapable d'affronter cela[42] »…) une révélation qui le guérira : « Mais je ne suis pas heureux ! Cela m'a été assené – *sur ce chemin de Damas qu'est pour nous l'Europe* – comme un coup de poing en pleine poitrine[43] ». On comparera l'attitude de la Christine de Gabrielle Roy à celle de Fabrice. Pour Christine, le départ vers

---

41. *Ibid.*, p. 212.

42. *Ibid.*, p. 200. – Réaction semblable d'Olivier Cromaire devant New York dans *Chronique de l'âge amer* de Charbonneau, p. 132-134. On ne peut s'empêcher d'évoquer ici l'attitude de Saint-Denys Garneau lors de son très court voyage en Europe de 1937 (voir les lettres bouleversantes de juillet de la même année à sa famille dans les *Œuvres*, Presses de l'Université de Montréal, 1971, p. 790-794).

43. *Ibid.*, p. 199. Les soulignés sont de nous.

l'Europe se présente dans le prolongement de nombreux voyages déjà accomplis ou imaginés dans l'immense Amérique promise mais vide, vide matériellement et vide aussi de signes (et effectivement, l'espace représenté dans *Rue Deschambault* et *La Route d'Altamont* est dépourvu, comme nous l'avons déjà constaté, des signes de la culture). Il en va tout autrement chez Fabrice : on ne peut pas parler vraiment de voyage et d'espace. Sur le plan physique, il s'agit plutôt d'un brusque changement de décor, et la durée extrêmement brève du séjour (à peine deux mois, semble-t-il) est fonction du caractère fulgurant de la révélation attendue. Sur le plan spirituel, comment reconnaître un voyage intérieur puisque « le chemin de Damas » n'est pas un itinéraire mais l'expérience en un éclair d'un ressaisissement et d'une restructuration de l'être ? Le temps, figure indispensable du voyage[44], fait défaut dans *Mon fils pourtant heureux* où nous remarquons certes un temps de la narration, de l'écriture mais où il n'y a pas à proprement parler de « durée racontée ». Deux cents pages pour dire le mal de Fabrice et trente seulement pour le remède ! Le temps n'est pas ici un allié grâce auquel le héros s'éprouve, apprend, mûrit et peu à peu se libère.

Par le biais de la seule narrativité se trouve ici confirmée une observation capitale de Gilles Marcotte :

> Les œuvres les plus significatives du Canada français sont celles qui brûlent tout sur leur passage, pour arriver très vite à ce lieu désolé, de pure

44. Le voyage physique, matériel peut être le signifiant d'un trajet intérieur, spirituel (le signifié) tout comme ce dernier peut faire surgir l'image d'un déplacement dans l'espace.

> naissance, où l'homme est sommé de réinventer ses premières valeurs[45].

Or ce lieu peut revêtir de surcroît une dimension référentielle et avoir un nom sur l'espace. C'est le Paris de Fabrice Navarin, le village de Charlevoix dans *Les Demi-civilisés* de Jean-Charles Harvey, l'abbaye de Saint-Benoît-du-Lac pour le Régis Dubuc[46] de Jean-Marie Poirier (*Le Prix du souvenir,* 1957, dont nous parlerons plus loin). Le désir du départ dans plusieurs romans québécois, tel qu'en a parlé Jean-Charles Falardeau[47], ne représente-t-il pas en fait, modulé par une conjoncture régionale, un trait quasi distinctif de la littérature de l'Amérique du nord[48] ? Et avons-nous un phénomène analogue dans la « fuite » des personnages de Harvey, Simard, Poirier ? Ces questions ne sont pas sans intérêt car elles suggèrent qu'une description appropriée de notre littérature romanesque conclurait peut-être, nonobstant certaines caractéristiques conjoncturelles, à sa profonde et constante AMÉRICANITÉ. Il demeure toutefois que chez Jean Simard, pour ne retenir que cet exemple, l'espace du voyage,

---

45. Gilles Marcotte, « Traduit du français », *Les Lettres nouvelles,* décembre 1966-janvier 1967, p. 83. Il faudrait voir aussi, du même auteur, « L'expérience du vertige dans le roman canadien-français », dans *Une littérature qui se fait,* p. 62-76.

46. En *une seule journée* à Saint-Benoît, Régis Dubuc dénoue l'impasse à laquelle l'accule toute une vie !

47. Jean-Charles Falardeau, *Notre société et son roman*, p. 39-45, p. 51, p. 53 ; et aussi, « Brèves réflexions sur notre roman contemporain » (*Liberté,* n° 42, nov.-déc. 1965, p. 469).

48. Constat si souvent fait qu'il y aurait quelque naïveté à en fournir la preuve : il suffit de se rappeler entre autres Mark Twain, Melville, Whitman, Henry James, Steinbeck et, plus près de nous, Kerouac. Voir quand même de Jacques Cabau, *La Prairie perdue,* Seuil, 1966, p. 22, et de John Brown, *Panorama de la littérature contemporaine aux États-Unis,* Gallimard, 1971, p. 26.

contrairement à ce qui se passe dans Gabrielle Roy, n'est pas une extension des étendues déjà « vécues » – endroit de vie intensifiée, de découvertes parce que plus riche en histoire, en œuvres, en événements –, il se réduit à un point (Paris) où un valet de chambre (on a envie de dire : un garçon de café) suffit à mettre en branle des recours originels et enfouis d'avant l'aliénation qui finiront par retourner le héros comme un gant[49] :

> À la lettre, je ne suis plus le même. Mon anxiété paraît s'être dénouée [...] On dirait une convalescence : une aube lumineuse, après une intolérable nuit... tout semble métamorphosé, l'air que je respire, le temps qu'il fait, jusqu'à la lumière. Oui, je ne puis me défendre de penser que le jour qui m'accueille, ce matin, n'a rien de commun avec l'éclairage habituel ; et qu'il s'agit en vérité de quelque miracle incompréhensible, un resplendissement, une phosphorescence inexplicable[50].

Fabrice Navarin ne va pas à Paris pour y chercher les signes propres de la culture (française) : il les possède déjà, de Pascal à Sartre, en sature son discours. Mais la culture, rappelons-le, est toujours liée au temps. L'absence d'une durée intérieure dans *Mon fils pourtant heureux* s'accompagne, sans qu'on doive s'en étonner, d'un statut de la culture détaché, flottant. Des signes, avons-nous dit ; disons mieux : des signes purs, « plaqués » sur le discours, qui ne renvoient pas à des

---

49. Et même là, n'éprouvons-nous pas le sentiment de quelque chose de typiquement nord-américain dans cette importance excessive accordée naïvement, du seul fait qu'ils soient « parisiens », à ce qu'il y a de plus extérieur : « le valet de chambre de l'hôtel » (Jean Simard) ; les prostituées (Henry Miller dans *Jours tranquilles à Clichy*) ?

50. *Mon fils pourtant heureux*, p. 215.

contenus de la mémoire intégrés à la vie, éclairant, soutenant les étapes et les passages. Car nous l'avons vu, il n'y a ni étapes, ni passages. On retrouve ici, sous un aspect inattendu, une question déjà évoquée au sujet de Lemelin, Harvey, Hamel, Élie, celle de la distanciation de la culture.

Il est instructif, à cet égard, de comparer *Mon fils pourtant heureux* à un autre roman de l'aliénation dont le personnage, toutefois, témoigne au départ d'un milieu et d'une tradition différents : *Un amour maladroit* de Monique Bosco[51]. L'héroïne, Marguerite, est restée profondément marquée par un milieu familial étouffant, l'indifférence de sa mère, sa qualité de Juive sous l'Occupation. Elle émigre au Québec après la guerre pour se rendre compte que, mutilée et paralysée psychologiquement, elle n'arrive pas à se réaliser. C'est un écrivain « possible » à l'instar de Marcel Larocque et Fabrice Navarin : elle écrit pour elle-même, a un emploi de journaliste à Montréal[52]. Globalement, la situation et même parfois le ton ne sont pas sans rappeler *Mon fils pourtant heureux*. Le roman s'ouvre ainsi : « Par où tenter de saisir sa propre vie ?[53] », et la narratrice affirme dans le même paragraphe, évoquant sa mère : « Elle réussit [...] à m'insuffler une subtile peur

---

51. Monique Bosco, *Un amour maladroit*, Gallimard, 1961.
52. Réjean Robidoux parle d'une histoire « d'allure réaliste et autobiographique » et ajoute : « Il faudrait savoir dans quelle mesure [ce roman] est une autobiographie »... (« Le roman canadien-français de demain », dans *Le Roman canadien-français*, p. 247-248) ; à rapprocher de l'affirmation de Michel-Lucien Gaulin dans le même ouvrage collectif, p. 151 : « Gabrielle Roy passe à l'autobiographie à peine déguisée dans *Rue Deschambault* ». Nous nous trouvons, une fois de plus, sur un terrain déjà reconnu...
53. *Un amour maladroit*, p. 9.

de la vie et du destin qui m'attendait[54] ». La question et le constat sont ceux-là même que pose Fabrice au tout début de son entreprise.

Or les références littéraires chez Jean Simard ont une fonction avant tout discursive, on dirait presque ornementale (étoffer une description[55], éclairer une situation, etc.), sauf peut-être à la fin, dans les pages du journal (« Néanmoins, entre une philosophie de l'absurde qui est un "cri de suicide", et une philosophie cosmique affirmant que "l'univers est capable de nous rendre l'espérance", l'hésitation n'est guère possible[56] »), où le choix entre Sartre et Teilhard semble engager un avenir hors texte. Dans *Un amour maladroit,* en revanche, ces références sont de surcroît intégrées à la trame même du récit, et leur efficace diégétique se devine précisément à la présence obligée de marques temporelles :

> Dans les romans du siècle passé, je ne découvris pas *davantage* les secrets de ma mélancolie[57]. (L'adverbe « davantage » a ici une valeur temporelle : il suppose une recherche antérieure également inopérante).
>
> [...]
>
> Nul livre n'arrivait *plus* à me sortir de mon marasme. Je n'y découvris aucun écho fraternel *jusqu'au jour* où je découvris Sartre[58]. (Sartre agit ici tel un personnage).

---

54. *Ibid.*, p. 10.
55. Par exemple, dans le portrait d'un condisciple : « Il avait un peu la dégaine de Marcel Proust enfant ; mais un Marcel Proust de faubourgs, de taudis ! » (*Mon fils pourtant heureux,* p. 121).
56. *Ibid.*, p. 208.
57. *Un amour maladroit,* p. 86. Le souligné est de nous.
58. *Ibid.*, p. 135. Les soulignés sont de nous.

> [...]
> Sartre, *à nouveau*, vint à ma rescousse[59]. (Sartre s'avère très actif).

Les indications de temps confèrent ici à la « littérature » un rôle proprement anaphorique. Des romans d'autrefois, tel livre, Sartre « tissent dans l'énoncé », pour reprendre les termes de Philippe Hamon, « un réseau d'appels et de rappels[60] » ; la littérature contribue de ce fait à l'organisation et à la cohésion du récit. Bien plus, ces signes de la culture mis bout à bout : les contes de l'enfance (p. 44) – Hugo, Molière, Voltaire (p. 65) – les « romans du siècle passé » (p. 86) – Musset (p. 89) – Sartre (p. 135) – Freud (p. 149) – Sartre de nouveau (p. 165), parce qu'ils s'accrochent au récit par les charnières du temps, constituent ou du moins jalonnent un trajet intellectuel qui double en quelque sorte le parcours diégétique. On dira donc, pour conclure, que les références culturelles et littéraires, plus nombreuses paradoxalement dans le premier que dans le second cas, sont discursives chez Jean Simard et dans Monique Bosco, diégétiques. La culture n'a certes pas le même statut ni la même fonction dans les deux textes. Constatons une fois de plus que l'étude du personnage-écrivain débouche immanquablement sur cette question, d'abord du point de vue de l'œuvre, ensuite sous l'éclairage de l'horizon social. Il est difficile en effet de ne pas lire dans l'un et l'autre roman, structurant le texte, des traditions et des milieux différents.

---

59. *Ibid.*, p. 165. Les soulignés sont de nous.

60. Philippe Hamon, « Pour un statut sémiologique du personnage », p. 96.

La dimension novatrice de *Mon fils pourtant heureux* est plus visible aujourd'hui – en raison du renouvellement des perspectives critiques – qu'à la fin des années cinquante. Pourtant, la littérature québécoise, semble-t-il, comptait encore peu d'œuvres qui affichassent une telle conscience et une telle liberté sur le plan de l'énonciation. Le personnage de l'écrivain s'y trouve vraiment porté par le langage. Il s'emploie, autour de lui, à toutes sortes de feintes, d'aveux, de « vocalises » qui constituent autant d'interrogations sur sa propre nature, son efficacité, ses ressources, etc. Cela suffit pour que l'écrivain représenté dans la fiction cesse de ressembler à une curiosité naturelle tel un aérolithe qui tombe sans avertissement et sans antécédents, à la façon par exemple de Christine ou même de Denis Boucher.

L'APPRENTISSAGE D'UN ROMANCIER : *LE PRIX DU SOUVENIR* DE JEAN-MARIE POIRIER

On constate à la même époque, dans *Le Prix du souvenir* de Jean-Marie Poirier, un phénomène analogue de contextualisation mais cette fois principalement au niveau de l'énoncé[61]. Il est malaisé d'en faire la preuve car il s'agit d'abord d'une impression générale ressentie à la lecture : une multiplicité vivante à la Lemelin mais exempte de pittoresque, un récit sans lacunes comme chez Charbonneau, et dont le discours n'a ni la sécheresse de celui d'Élie ni le caractère réflexif de celui de Simard. Toutefois, à ce stade déjà, *Le Prix du souvenir* donne à voir certains éléments de contexte

61. Jean-Marie Poirier, *Le Prix du souvenir*, Cercle du livre de France, 1957.

essentiels : par exemple, la mise en perspective, sur l'horizon d'une totalité sociale devinée, des situations et des personnages (dont le héros-écrivain). Cet étagement des plans[62], on s'en rend compte peu à peu, est inséparable de l'opération simultanée d'un narrateur omniscient et d'un découpage en alternance (plus ou moins régulière). Ainsi telle scène au cours de laquelle le héros (Régis Dubuc) échange des propos avec une fiancée (Madeleine) moins cultivée que lui n'occupe pas globalement la même POSITION par rapport à l'ensemble de l'univers représenté que telle autre où nous voyons Madeleine faire l'envie d'une compagne de travail moins favorisée qu'elle[63] ; et cela est vrai aussi pour les acteurs dans l'un et l'autre segment narratif.

Or une reprise plus analytique du texte montre bien que, pour la première fois peut-être, nous avons affaire à un écrivain « entouré » d'un monde qui est défini et se définit en relation avec lui en tant qu'écrivain. Pour que cela se produise, et c'est le cas ici, il faut certes que le texte, au départ, pose nettement le personnage de tout premier plan comme écrivain avec des attributs majeurs. Régis Dubuc – il s'agit de son enfance et de sa jeunesse jusqu'au début de la vingtaine, seuil de l'âge d'homme[64] – n'a pas encore publié, donc n'a pas d'éditeur, et on ne parle jamais de lui dans les

---

62. Lequel n'est pas perçu, par exemple, à la lecture des romans de Lemelin malgré leurs procédés réalistes. Au contraire, on a constamment le sentiment chez Lemelin d'une mise à plat du récit.

63. *Le Prix du souvenir*, p. 147-150.

64. On aura déjà remarqué que souvent dans notre littérature, le héros-écrivain est un être jeune : Denis Boucher, Régis Dubuc, Christine, Fabrice Navarin, même Julien Pollender. (Ce qui n'empêche pas un narrateur d'âge mûr comme dans Gabrielle Roy ou Jean Simard).

journaux et dans les milieux littéraires : en somme, il paraît tout à fait en marge de l'institution. Pourtant, son projet d'écriture prend très tôt des formes beaucoup plus concrètes que celui, par exemple, de la Christine de Gabrielle Roy. Il est l'auteur, encore écolier, de nombreux poèmes[65], et affirme tranquillement, à seize ou dix-sept ans – et par écrit, de surcroît ! – sa vocation d'écrivain aux dépens de la vocation religieuse : « Mon rôle, annonce-t-il dans une lettre au supérieur du juvénat, ne sera pas de dispenser la grâce aux hommes, mais de montrer l'homme en besoin de grâce : j'écrirai[66] ». Bien plus, Régis s'applique à se préparer matériellement à sa tâche future : plus ou moins consciemment au début comme le souligne le narrateur (« Les livres sont magnanimes. Y trouvant un refuge, il y prit par surcroît ses premières leçons de style[67] »), puis bientôt avec une claire détermination :

> S'il écrivait par nécessité intime, il n'était pas sans se rendre compte que cette assiduité conférait à son style un tour plus cursif et, mieux encore, lui rompait l'esprit aux nuances de pensée et d'expression[68] ;

et mieux encore :

> Vous le savez, la radio n'est pour moi qu'un moyen de me faire la main au dialogue, d'utiliser des matériaux qui ne pourront servir dans une œuvre de plus longue haleine[69].

---

65. *Le Prix du souvenir*, p. 23.
66. *Ibid.*, p. 25.
67. *Ibid.*, p. 13.
68. *Ibid.*, p. 67.
69. *Ibid.*, p. 132. – Régis écrit des « sketches radiophoniques ».

En fait, tout doit servir à la formation de notre auteur, y compris le mariage : « C'était à se demander si l'expérience que le futur écrivain avait pu tirer du mariage compensait [l']insatiété de l'homme[70] ». À vrai dire, *Le Prix du souvenir* est un roman de l'éducation de l'écrivain.

Bien entendu, l'*Erziehungsroman* suppose plus qu'une attitude idoine de la part du sujet, il requiert aussi qu'un groupe partage avec lui dans une certaine mesure les valeurs-objets ou du moins en accepte quelques-unes comme préétablies, même s'il met par ailleurs des obstacles d'un autre ordre à la quête particulière du sujet[71]. Dans le cas qui nous occupe, les personnages d'avant et d'arrière-plan qui forment le milieu de Régis non seulement reconnaissent son talent et cherchent à en favoriser le développement mais, ce faisant, ils assument, par substitution, le rôle de certaines des instances concrètes les plus déterminantes de l'institution littéraire : le public et la critique. En somme, la littérature « existe » dans la société qui constitue le référent interne du *Prix du souvenir* tout comme la terre ou la religion ou un ordre social donné « existent » dans d'autres romans québécois. On pourra certes discuter cette conception de la littérature, lui reprocher même son caractère idéaliste, une portée trop psychologisante, on ne saurait nier qu'institutionnellement, comme pratique individuelle et comme valeur sociale, elle est un des *présupposés essentiels* du

70. *Ibid.*, p. 221.

71. C'est dans cette ambiguïté que réside la différence essentielle entre le héros de la révolte et le héros problématique lukacsien.

texte. Roman de la parole et roman du code commencent ainsi à se résorber réciproquement l'un dans l'autre…

Pour plus de clarté et afin d'éviter des développements inutiles, voici un tableau de certaines occurrences significatives dont l'ensemble témoigne d'un milieu fictif qui, d'une part, constitue préalablement le héros comme écrivain et lui sert de répondant dans le processus d'apprentissage et, de l'autre, exerce à son endroit quelques-uns des rôles de l'Institution littéraire au sens strict (le public et la critique). On voudra bien reconnaître qu'il s'avère parfois difficile de distinguer nettement les deux fonctions :

LE MILIEU REPRÉSENTÉ PAR LA FICTION
(MONTRÉAL DE L'EST ET DU NORD-EST, 1940-1947 :
EMPLOYÉS, OUVRIERS QUALIFIÉS, JOURNALISTES)

Fonction de constitution et d'éducation de l'écrivain	*Fonction supplétive de public et de critique*
– Jacques Boyer, d'abord condisciple puis ami, admirait au « collège » « le talent poétique » de Régis (p. 27). – Jacques devenu journaliste prédit à une tierce personne que « nous [compterons] dans quelques années un autre écrivain du nom de Régis Dubuc » (p. 29). Régis a alors dix-huit ans ![72]	– Sylvia fait une lecture critique des poèmes de Régis (p. 30). – Madeleine suscite l'admiration d'une compagne de bureau car son ami Régis, en plus d'être journaliste (il a dix-neuf ans), écrit pour la radio (p. 150). – Marc Boudreau, un confrère journaliste, fait à Régis des observations critiques sur la pièce

72. Jacques meurt à la guerre en offrant sa vie pour le bonheur de Régis (p. 232). Le héros-écrivain est fréquemment posé comme terme d'un rapport duel : Denis Boucher-Jean Colin ; Denis

– Madeleine, la jeune femme de Régis, après avoir avoué : « Oh ! je sais bien que je me fâche souvent contre [ses] livres et [ses] papiers. Mais c'est parce que j'en suis jalouse » (p. 241), « promet [...] de faire tout son possible pour l'aider » (p. 251, p. 267)[73].

– Le principal agent de la formation de Régis est Sylvia[74]. Non seulement elle lui rappelle « qu'il [lui] faut lire, écrire, [se] préparer à [son] métier d'écrivain » (p. 130), mais elle se réjouit, « après l'avoir aidé à détruire ses erreurs [...] de pouvoir participer à sa formation » (p. 72). Elle le seconde dans ses efforts pour apprendre l'anglais (p. 99) ; l'initie à la peinture et la musique (p. 107) ; (drame en trois actes) qu'il vient d'écrire (p. 169-181).

– Régis s'oppose à ce que ses camarades l'élisent à la présidence de leur syndicat car il veut entreprendre son premier roman (p. 216-217).

– Régis « avait commencé de lire un récent article de Marc, où celui-ci, à l'occasion d'une critique sur le premier livre d'un jeune romancier, avait abordé le problème de la solitude de l'écrivain » (p. 258). Cet article est pour lui une révélation.

– Discussion entre Marc et Régis sur les conditions existentielles de la création littéraire (p. 260-264).

Boucher-Ovide Plouffe ; Denis Boucher-Pierre Boisjoly ; Marcel-Bernard *(La Fin des songes)* ; André Laroudan-Edward Wilding *(Ils posséderont la terre)* ; Julien Pollender-Georges Lescaut *(Fontile)* ; Georges Hautecroix-Lucien Guilloux *(Aucune créature)* ; Fabrice Navarin-Gérard *(Mon fils pourtant heureux)* ; Régis Dubuc-Jacques Boyer. Qu'arrive-t-il au second terme ? Jacques Boyer (comme Armande Aquinault pour Julien Pollender) fait le sacrifice de sa vie. Jean Colin meurt après de longues souffrances. Gérard, Georges Lescaut, Lucien Guilloux deviennent prêtres. Se pourrait-il que la naissance à la littérature dût être payée, rachetée de quelque façon comme s'il s'agissait d'une activité coupable ? Lucien Guilloux, de ce point de vue, est exemplaire : à la fois prêtre et agonisant (une interminable agonie).

73. Ce qu'elle fait effectivement.

74. Laquelle, après le mariage de Régis avec une autre (Madeleine), se fera infirmière...

« Oh ! je sais bien [...], dit-elle, que je vous ai formé pour une autre, qu'un jour vous partirez et ne reviendrez plus » (p. 134) ; c'est Sylvia, tout au long du roman, qui guérira Régis de son jansénisme, de son dégoût de la chair et du mariage, et qui le délivrera, à la fin, du poids d'une jeunesse mal assumée (p. 301).

– Madeleine affirme que « [lorsque] on lui parlait d'un article ou d'un sketch de [Régis], elle n'était pas tant fière pour lui que contente pour elle. Elle était considérée, enviée et c'est cela qu'elle voulait, être au-dessus de ses amies » (p. 251).

À cela s'ajoutent certains développements sur les conditions concrètes du travail de l'écrivain[75] : méthode de classement des notes, des esquisses, coupures de journaux, carnets (p. 219-220) ; la vie domestique avec ses difficultés (p. 267 *sq.*).

Cette contextualisation diégétique ne va pas toutefois sans ambiguïté. Elle a beau paraître inédite, elle s'accompagne néanmoins de certains traits qui, sous un autre rapport, rendent *Le Prix du souvenir* moins innovateur que *Mon fils pourtant heureux.* Si la représentation fictionnelle de l'écrivain appelle normalement – ce serait une conséquence du contrat romanesque – un sujet infléchissant l'énoncé selon sa qualité propre[76], la tendance actuelle du roman québé-

75. Début de cela aussi dans *Aucune créature* de Charbonneau (voir note 102 au chapitre précédent). Sans doute convient-il de rappeler qu'il a été publié en 1961.

76. Ce qui implique aussi une mise en abyme diégétique de l'institution littéraire *réelle,* cette dernière s'inscrivant, en le réglant, dans le texte comme ensemble. L'institution littéraire détermine donc dans une certaine mesure sa propre représentation.

cois, en revanche, vise à donner AUSSI (de façon non moins fictive) la situation et l'activité du sujet de l'énonciation (si bien que, par un paradoxe qui peut compliquer singulièrement l'analyse, le REPRÉSENTANT devient à son tour un REPRÉSENTÉ). On notera, de ce point de vue, que les références aux lettres (noms d'auteurs et d'œuvres, citations, etc.) sont beaucoup moins nombreuses dans le roman de Poirier que dans celui de Simard[77]. La teneur des propos intradiégétiques sur la littérature (par exemple les discussions entre Marc et Régis) se révèle d'ailleurs tout à fait solidaire d'un discours qui fait en sorte de mettre l'histoire en relief aux dépens des faits de narration. Ce qui est débattu entre les deux amis, c'est le rapport vie-écriture posé selon les perspectives du roman de la parole de l'époque précédente : pour devenir écrivain, il faut avoir vécu, connu la femme ; qui n'a pas d'expérience ne peut faire des personnages « vrais », crédibles ; la vie dénoue les empêchements intimes, libère la puissance créatrice. On retrouve ici, suivant la formule connue, la littérature comme récit d'une aventure, et non l'inverse. Or, justement, le discours dans *Le Prix du souvenir* prend bien garde d'attirer l'attention sur lui-même ou sur sa situation énonciative, sauf par quelques joliesses dont on a envie de dire, en reprenant le vers fameux, que la pointe peut effectivement assassiner : « [...] la nuit cicatrisait d'un coup sa plaie de clarté[78] ». Ce laser oxymoronique d'avant la lettre est

77. L'importance accordée à la culture classique (Sénèque, p. 28 ; Virgile et César, p. 43 ; Corneille, p. 150) signale souvent dans notre société l'autodidacte : se souvenir à ce propos de *Pierre le magnifique* de Lemelin. Il y aurait d'ailleurs une étude à faire de l'obsession du latin chez Lemelin.

78. *Le Prix du souvenir*, p. 41.

cependant peu de chose auprès de ceci : le héros se met à table préoccupé, à mille lieues des impératifs du quotidien, mais « la soupe, dit le texte, le remet dans son assiette[79] ». Quelle archilexie suave pour un futur bouquet de métasémèmes ! Chez Poirier, la vaisselle est fleurie.

Sous l'angle du contenu narratif, *Le Prix du souvenir* offre des similitudes flagrantes avec des romans contemporains ou antérieurs. Régis Dubuc doit vaincre les mêmes obstacles que Fabrice Navarin : peur de la chair, scrupule, dédain du corps, refuge dans l'idéalisme ; toutefois, il a quelque chose en plus : une intransigeance, voire une dureté qui le rapproche beaucoup de Pierre Boisjoly ; et c'est sur les décombres et grâce aux renoncements d'autrui (Sylvia, à sa façon, « meurt » comme Armande Aquinault) qu'il deviendra un homme et un écrivain ; Julien Pollender n'agit pas autrement sauf qu'il affiche moins de détermination. Le rapide déliement psychologique (à l'abbaye de Saint-Benoît-du-Lac) dont nous avons fait état plus haut n'est pas lui non plus un trait spécifique, quoiqu'il se combine ici paradoxalement avec le procès diégétique de l'apprentissage. Son éducation achevée, porté par un milieu, « contextualisé » ainsi que nous l'avons montré, et en même temps synthèse de plusieurs personnages ambiants, personnage-type si l'on veut, Régis Dubuc est prêt, à la fin du livre, à terminer et publier le sien.

Le Prix du souvenir faisait espérer une suite ; il laissait entrevoir la possibilité d'un grand roman réa-

---

79. *Ibid.*, p. 259-260.

liste de l'apprentissage, quelque chose comme les *Illusions perdues* québécoises... Mais la suite n'eut pas lieu là où on devait l'attendre. Qui aurait donc cru, il y a vingt ans, qu'on la constaterait plus tard dans les perspectives ouvertes par le discours « [débordant] de citations et de clichés[80] » de Jean Simard ?

80. Laurent Mailhot, *La Littérature québécoise,* P.U.F., 1974, p. 50.

CHAPITRE V

MORT DE L'ÉCRIVAIN, NAISSANCE DE L'ÉCRITURE

Ce que nous avons appelé la contextualisation du personnage-écrivain a des implications si considérables dans *La Bagarre* de Gérard Bessette (1958) qu'il nous semble devoir consacrer à ce roman un chapitre distinct justifié aussi par l'ampleur des développements dont il fera l'objet. *Doux-amer* de Claire Martin (1960) y trouvera tout normalement quelque place, non seulement à cause de sa date, mais surtout parce qu'il présente une réussite feinte là même où le roman de Bessette désigne un échec réel.

Du point de vue qui nous occupe, *La Bagarre*[1] demeure le roman à la fois le plus attachant et le plus révélateur de la période 1955-1960. Ce n'est pas le meilleur livre de l'auteur, et d'ailleurs notre enquête sur le personnage de l'écrivain ne mène pas nécessairement aux ouvrages de tout premier plan. Manifestement *Rue Deschambault* n'occupe pas dans l'œuvre de Gabrielle Roy tout à fait la même place que *Bonheur d'occasion,* tandis que *Mon fils pourtant heureux* a eu visiblement moins de répercussion que *Poussière sur la ville* d'André Langevin, publié trois ans auparavant. On admettra cependant que les romans où la littérature se représente explicitement elle-même (comme dénotatum) sont susceptibles de jeter quelques lumières sur la production romanesque en général dans une société

1. Cercle du livre de France, 1958.

donnée. Ce qui en effet se trouve alors désigné est fonction justement de ce qui PEUT être dit de la littérature (et de ce qui DOIT être omis). L'écart ici entre le DIRE possible et le DIT effectif ne saurait se mesurer par le seul recours direct à la connaissance extratextuelle que l'on peut avoir d'une société et de la place qu'y occupe la littérature ; il a des répondants ostensibles ou implicites dans d'autres aspects et à d'autres niveaux du texte (ainsi que nous l'avons vu par exemple pour Gabrielle Roy). Au risque de simplifier beaucoup, disons que, de ce point de vue, un roman se présente comme le tableau périodique des éléments chimiques de Mendeleïev où ce qui est présent signale aussi l'absence : non seulement la case vide mais même ses propriétés. Effectivement, on ne devrait jamais, en bonne méthode, considérer sans précaution un vide textuel comme le signe négatif d'un « plein » social externe ; il faut obligatoirement passer par les phénomènes solidaires de ce blanc dans le texte lui-même. Tout bien considéré, les écrivains ne font donc pas ce qu'ils VEULENT mais ce qu'ils PEUVENT, compte tenu aussi, cela va sans dire, des différences de talent et de situation concrète individuelle. Or à l'égard de l'ensemble de ces questions, *La Bagarre* de Bessette apparaît indubitablement comme une œuvre exemplaire[2] et

---

2. *La Défaillance* de Gilbert Choquette (Beauchemin, 1969) a beau être un roman beaucoup plus récent, il déguise sous une évocation assez nette des problèmes du catholicisme actuel une conception de la littérature propre aux années quarante. Félicien Franchère, le directeur du « Chrétien moderne », exprime manifestement envers l'écrit journalistique l'attitude implicite de l'auteur d'un roman de la parole à l'endroit de la littérature. Franchère rêve d'un « langage qui ne triche pas » (p. 176), refusant « de [se] payer de mots » (p. 175), parfaitement adéquat à la « vérité profonde » (p. 176), au « nous profond » (p. 163). Il n'a pas su, avoue-t-il, se « libérer à temps de la

on la relit d'ailleurs aujourd'hui avec un plaisir aussi vif qu'il y a vingt ans.

LA BAGARRE : LE LANGAGE COMME ÉVÉNEMENT

L'intérêt particulier que présente *La Bagarre* réside plus immédiatement dans le fait que tout y tourne autour du langage premier (et de la situation linguistique) de la société fictive. Il ne s'agit plus ici du langage déjà réalisé en un discours dénudant partiellement ses codes comme chez Jean Simard, mais bien plutôt du langage en puissance de codes, de son aptitude même à porter un système second tel celui de la littérature. Ceci renvoie, on s'en doute bien, d'une part à une langue et plus précisément à des conditions linguistiques, de l'autre à diverses élocutions ; et effectivement, Bessette met son personnage-écrivain en situation concrète de langage de la même façon que Poirier le plaçait en situation institutionnelle. On pourra donc parler également dans le cas de Bessette d'une contextualisation du héros, sur le plan du contenu narratif cela s'entend. Contextualisation discursive ou énonciative chez Simard, contextualisation diégétique institutionnelle dans Poirier et linguistique chez Bessette. Il n'est donc

---

littérature » (p. 25)... « Fignoler, mettre en forme m'est [...] impossible : l'impression d'une fraude » (p. 185)... Le paradoxe, c'est que le signifiant ne cesse de se *sursignaler* comme littéraire : couleur dix-huitième siècle du style, caractère déclamatoire, théâtral des scènes. Pourtant, l'époque oblige et le code formel commence à se désigner : « Trouverai-je le courage de dire mon vrai naufrage dans ce cahier que j'entreprends aujourd'hui tel un acte de pure conscience ? [...] C'est absurde, mais je vais mettre des chapitres, comme on fait pour les histoires inventées » (p. 11-12 et p. 19). Notre héros, à l'instar de Régis Dubuc, trouve refuge à Saint-Benoît-du-Lac (p. 153 *sq.*). Ô pièges de la « sincérité » ! Voilà un auteur qui se paie de mots pour représenter un auteur qui lui ne se paie pas de mots !

pas étonnant que les circonstances de l'énonciation du texte lui-même ne se signalent pas particulièrement à notre attention dans *La Bagarre* et que la narration, avec sa vision par derrière et son registre réaliste, offre les *apparences* de la neutralité et de l'objectivité (ce qui n'est pas tout à fait exact comme nous le verrons). Mais examinons maintenant cela de plus près.

Ce qui frappe au premier abord, c'est le nombre et la variété des « indicateurs » linguistiques. Palatalisation des dentales et phonèmes prothétiques chez les ouvriers, compagnons de travail de l'aspirant écrivain Jules Lebeuf : « Y a dzu goudron dans tes chârs, toué, e'L'beuf ? » (p. 44). Ouverture archaïque (et paysanne) de la voyelle initiale entravée jointe à la diglossie urbaine : « On farme, les boys. We are closing » (le garçon de café, p. 21). Fermeture et allongement typique du « o » chez le Français de passage : « Sans compter que le capitaine, sauf votre respect, c'était un côchon. Bon matelot, ça oui, mais un côchon » (p. 71). « Créolisation » sur substrat rural de la langue des prolétaires : « Watch out, les boys. Je vois le fanal de Lévêque. Il s'en vient de ce côté-icitte. On est mieux de scrammer » (p. 49). Tour syntaxique populaire (ici nettement surmarqué) : « J'ai rencontré la p'tite Péladeau, tu sais, celle que je t'ai parlé, que je suis allée à l'école avec sa sœur à Maisonneuve » (p. 66). Ce ne sont là que quelques exemples, qui ne rendent vraiment pas justice à la très riche diversité des « faits » d'élocution que renferme le texte.

Ils ne se limitent pas d'ailleurs à ces traits reproduits par la graphie du discours direct ou disons plutôt que les modes de citation varient : c'est aussi à la faveur des écarts et même des ruptures qu'ils s'imposent à notre attention. Par exemple, si la différence linguistique entre Lebeuf[3] – plus instruit, plus « mobile » socialement – et les autres balayeurs s'avère clairement marquée, en revanche son laconisme, la brièveté de ses phrases le rapprochent beaucoup d'eux. Mais ils l'éloignent, de même que son « accent canadien grave et pâteux » (p. 11), du camarade de Faculté Augustin Sillery[4] à la parole trop abondante, trop fleurie, ornée de grâces désuètes pour un lecteur d'aujourd'hui, dont le texte joue au surplus pour produire de véritables effets de rupture. La première *apparition* de Sillery (contraste linguistique) est aussi une *interruption,* et nous faisons donc connaissance avec son discours avant même de savoir qui parle :

> Une voix aiguë lui[5] coupa la parole :
>
> — Nous nous excusons, messieurs, d'interrompre vos doctes palabres et postulons l'honneur de nous joindre à votre beuverie fraternelle.

---

3. Jules Lebeuf, fils « d'un père débardeur qui buvait » (p. 52), a vingt-neuf ans (p. 222) ; inscrit à la Faculté des lettres le jour et balayeur la nuit ; il « [cohabite] » avec une « serveuse » (p. 22). C'est un véritable écrivain dans la mesure où justement il *n'arrive pas à écrire.* Nous n'avons pas affaire ici à des velléités mais à des empêchements.

4. Augustin Sillery, fils de famille, a vingt-cinq ans (p. 18) ; il habite Westmount ; père dans les affaires ; mère malade avec distinction, cultivée, qui lit Loti (p. 133) et considère que Valéry est « décadent » (p. 132). Son homosexualité est présentée avec une grande franchise et une compréhension évidente (nous sommes en 1958 !). Si Lebeuf est le héros (chargé de mission : dire par l'écriture la société « canadienne-française »), Sillery apparaît paradoxalement comme le personnage le plus fouillé et développé du roman.

5. Il s'agit de Ken Weston, au milieu d'une phrase, alors qu'il échange des propos avec Jules Lebeuf. Ils sont attablés au « Blue Sky ». L'Américain Ken Weston, étudiant lui aussi, rédige « une thèse sur les Canadiens-français » (p. 9). Il ne parviendra pas plus à la terminer que Lebeuf, son roman.

> Lebeuf et Weston levèrent la tête. Les deux bras étendus à la façon d'un chef d'orchestre qui prolonge un accord, le torse bombé sous un veston rouille, le col relevé d'un nœud papillon, Augustin Sillery se tenait devant eux [...][6].

Mais le discours soutenu et rapide (par rapport aux courts énoncés lents de Lebeuf) de Sillery lui-même, « cet étudiant à l'accent français » (p. 103), fait à son tour l'objet d'une rupture linguistique et d'une coupure diégétique :

> — Mais ne tournons point autour du pot, *continua* Augustin. Pipi : nom masculin, substance aqueuse, très appréciée, dit-on, des naufragés – De gustibus non est disputandum – et qui...
>
> À cet instant, la moitié des lumières s'éteignit. L'heure de la fermeture approchait et l'interruption de Sillery menaçait de diminuer les consommations.
>
> — Darniére ronde, les boys, se mirent à crier les garçons ; last round, folks ; on farme dans ein quart d'heure !
>
> Avec un geste de résignation, Sillery *descendit de son perchoir*[7].

Encore une fois, il n'y a rien là de limitatif car Bessette, qui use du langage pour poser le langage en tant que milieu, environnement pour la société fictive de son roman, a recours à un grand nombre de procédés d'insistance et de mise en relief, le langage devant précisément ici se donner à voir comme événement sur fond même de langage, et rapportable, répétons-le, du moins

---

6. *La Bagarre*, p. 10. – Le nœud papillon comptait, avec les lunettes de corne, parmi les attributs obligés de l'intellectuel dans le Montréal des années quarante.

7. *Ibid.*, p. 17. Les soulignés sont de nous.

en bonne logique, non pas à une énonciation narrative autoscopique à la façon de Jean Simard et plus tard d'Hubert Aquin, mais à une histoire dont le narrateur efface ses traces. Ainsi, pour donner un dernier exemple, nous aurons, séparés par un court intervalle, deux syntagmes ayant le même contenu sémantique mais appartenant à des niveaux de langue distincts :

> [...] Elle parut s'absorber dans la lecture du menu où se succédaient des noms de mets et de breuvages qu'elle n'avait jamais vus.
>
> — Je pense que je vais prendre un *milk-shake au chocolat.*
>
> Ça, au moins, elle savait ce que c'était. Sillery appela la serveuse d'un claquement de doigt :
>
> — Mademoiselle, qu'on éloigne de moi cette coupe empoisonnée (il désignait son verre de porto) et qu'on nous quérisse incontinent deux *frappés au chocolat*[8].

Ces quelques illustrations choisies à dessein dans la gamme des moyens qu'utilise Bessette devraient paraître suffisamment probantes[9].

L'HÉTÉROGÉNÉITÉ LINGUISTIQUE

Or l'erreur, la profonde erreur, serait de ne voir dans tout cela que des détails « réalistes », des « effets

---

8. *La Bagarre*, p. 103. – Il faut bien voir que Sillery, ici, ne « corrige » pas la jeune fille.

9. Il y en a d'autres, ainsi ce qu'on pourrait appeler la notation de décor à référent linguistique : « En face de lui, de l'autre côté de la rue, une large affiche : HOWARD'S – BUY BRITISH. Autrefois pareille réclame l'eût indigné » (p. 75). Cet indice (à l'image même du roman d'ailleurs) demeure ambigu : quelle aurait été la cause de l'indignation de Sillery ? L'absence de français sur l'affiche en plein Montréal ou plutôt le mot « British » ? (Ici encore, comme pour le « nœud papillon », nous sommes renvoyés, semble-t-il, aux années quarante).

de réel », fonction, comme il se devrait, du protocole de lisibilité référentielle suggéré par la stratégie narrative et le type de discours. Certes, cela joue aussi dans *La Bagarre* – et peut même avoir dans d'autres cas une extrême importance ainsi qu'on l'a vu plus haut –, mais l'insistance de même que l'ampleur des moyens mis en œuvre invitent ici à conférer à l'ensemble de ces informations une portée sociotextuelle plus vaste.

Remarquons d'abord – *négativement* si l'on veut – que l'hétérogénéité linguistique n'est nullement requise d'office pour « faire vrai » (et même pour produire du « pittoresque »). A-t-on par exemple remarqué combien chez un Jacques Ferron le langage des scènes et celui des commentaires sont relativement homogènes ? Il y a bien des manières de marquer l'appartenance sociale et idéologique d'un personnage : par l'accoutrement, l'objet, l'attitude, le dénoté des paroles, et aussi évidemment par des mots disséminés jouant le rôle de variables linguistiques dans un ensemble discursif homogène et dont la valeur indicielle est d'autant plus grande qu'ils sont rares. Mais cette dernière possibilité, encore une fois, n'a rien de contraignant. Si on examine, dans *Poussière sur la ville* d'André Langevin (1953 ; roman reçu comme « criant » de vérité), le texte de l'entretien au sujet de Madeleine entre le Docteur Dubois et le chauffeur de taxi Jim, on se rend compte que rien, absolument rien ne distingue la forme de leurs langages (si ce n'est une certaine réticence de la part de Jim, elle-même exigée par la motivation réaliste)[10].

---

10. André Langevin, *Poussière sur la ville*, Cercle du livre de France, 9e éd., s. d., p. 109-111. Notons encore une fois que le discours réaliste ne repose pas uniquement sur le caractère concret et matériel des signes mais sur le fait qu'ils sont motivés selon la vraisemblance, l'idéologie, l'histoire, etc.

À la vérité, pour décrire globalement le discours diégétique dans *La Bagarre*, il faut employer des termes tels *multiplicité* et *hétérogénéité*. Rien ne le fera mieux voir, à la façon d'une mise en abyme, que le rôle tout à fait particulier, de ce point de vue, du cabaret et du café. C'est le lieu de rencontre hors classe. Sillery, Lebeuf, Weston et les comparses s'y retrouvent pour parler mais tout se passe comme s'ils laissaient leurs appartenances sociales au vestiaire (puisque le texte, sauf de courtes exceptions, n'aménage pas de rapports entre les personnages de premier plan sur le terrain de la vie « réelle »). Les groupes sociaux ne communiquent donc pas vraiment ; nous avons affaire à des individus provisoirement délestés qu'un territoire prétendument neutre regroupe à intervalles assez réguliers pour les renvoyer ensuite, chaque fois, à leurs mondes respectifs : 1) *Sillery*, par l'errance dans un Montréal très référentiel, *vers* le luxe feutré du domicile westmountois où, allié d'une mère possessive, il ne réussit pas à faire face au père dont la verve et l'attitude envers la culture rejoignent paradoxalement, PAR DERRIÈRE le texte si l'on peut s'exprimer ainsi, aussi bien la façon populaire de certains des camarades de travail de Lebeuf que les réactions de la compagne de ce dernier, la petite serveuse Marguerite ; 2) *Jules Lebeuf*, après qu'il a, devant un verre, tourné et retourné la question : pourquoi ce fameux roman n'avance-t-il pas ?, *vers* d'une part la chambre qui apparaît le lieu même de l'empêchement, là où à cause de Marguerite et pour toutes sortes de motifs il est si difficile d'écrire et, de l'autre, les balayeurs nocturnes dont il s'éloignera malgré lui, contre son gré, en devenant leur contremaître ; 3) *Ken Weston*, qui se demande pourquoi sa thèse reste en plan, *vers* la pension où l'attend une petite bourgeoise laide et dévote nommée Thérèse.

Or la vacance de notre café[11] est une manière de leurre car une autre diversité, la linguistique, y fait pendant à la diversité sociale extérieure tandis que le contact des langages y tient lieu de celui des classes. « La Bougrine » est un établissement dont

> l'intérieur représentait un camp de bûcherons. Les murs étaient en bois rond [...] Tout autour de la salle pendaient des bottes de trappeurs, des raquettes à neige, des « capots d'étoffe du pays » et des souliers de bœuf[12].

Voici donc ce qui y « arrive » linguistiquement un soir en l'espace de quelques pages[13] :

– Le français du narrateur (discours fictionnel descriptif).

– Le français fautif et hésitant de Weston (discours de la controverse « cultivée »).

– Le franco-québécois commun de Lebeuf (discours de la controverse « cultivée »)[14].

– L'anglais courant (remarques des clients).

– Le franco-québécois commun de l'obscénité (chanson de Sillery d'après « Un Canadien errant »).

– Le « joual »[15] (remarques des clients, injonctions des garçons).

---

11. C'est également l'endroit, cela va sans dire, de la commensalité émancipatrice de la parole.

12. *La Bagarre*, p. 12. Voir également p. 164-165.

13 *Ibid.*, p. 12-17.

14. Il y a certes chez Weston et Lebeuf un écart entre l'expression et le contenu ; ils cherchent leurs mots, expriment péniblement ce qui les préoccupe : le problème de l'identité culturelle sur le plan des signes.

15. Faute d'un terme plus adéquat !

- Le latin de Sillery (discours de la parodie de la culture).
- L'espagnol (remarques des clients).
- Le français précieux et savant de Sillery (discours de la parodie de la culture).

Il n'est pas défendu de subodorer dans ce lieu où les événements sont langagiers une sorte de simulacre de la société représentée dans le roman et même (vu la portée symbolique des objets du décor) de la société québécoise elle-même[16]. La préoccupation linguistique qui traverse l'ensemble du texte s'y trouve reprise en raccourci et comme condensée. Le fait d'avoir fait état de cet épisode permet l'économie aux fins de notre propos d'une analyse plus étendue où nous aurions décrit la distribution des élocutions dans *La Bagarre*, personne n'y parlant de la même façon. Le texte marque très clairement l'écart entre Lebeuf et Margot[17] (elle emploie plus d'anglicismes), entre Bill qui est balayeur et analphabète et sa fille Gisèle qui, elle, va à l'école, entre Gisèle elle-même et des camarades de la petite bourgeoisie[18]. L'univers fictif se trouve muni des données indispensables à sa sociolinguistique. Et signalons enfin, pour mémoire, que la bagarre qui a donné son nom à l'ouvrage commence à l'instant précis d'un changement d'idiome :

---

16. On trouvera, p. 164-178, un second épisode au même cabaret dont on peut tirer des conclusions semblables (mais cette fois, « la bagarre » éclate).
17. *Ibid.*, p. 26-27.
18. *Ibid.*, p. 150.

> [...] Un grand Américain, mal assuré sur ses jambes, lui barra la route :
>
> — Leave her alone, will you ? What kind of a rat...
>
> Un direct l'étendit sur le plancher [...][19].

On aura déjà remarqué que ce qui est en cause dans tout ce qui précède, c'est, d'une part, toujours la forme de l'expression et jamais le contenu, et que, de l'autre, ce que nous avons appelé « écarts », « différences », ne peut en fait se mesurer qu'en comparant les formes entre elles et jamais par rapport à l'une d'elles qui se verrait conférer un statut canonique. L'hétérogénéité linguistique s'étale dans *La Bagarre* sans jugements de valeur prépondérants ; chaque forme et chaque idiolecte ont la chance de jouer leur partie.

Il pourrait être tentant certes de prendre comme repère le discours du narrateur (discours littéraire de la fiction), encore que cela n'aille pas sans difficultés. D'abord, il convient de ne pas perdre de vue que nous avons ici un auteur qui écrit pour dire l'impossibilité d'écrire, non pas absolument, mais de *telle* façon, dans *telle* forme : « [...] le milieu que tu veux *décrire*, dit Lebeuf, t'es plongé dedans ; et s'il est désorganisé, inconscient, sans cohésion, tu...[20] ». Ensuite, notre narrateur pousse la neutralité beaucoup plus loin qu'il n'y paraît puisque son propre langage est contaminé

---

19. *Ibid.*, p. 175.

20. *Ibid.*, p. 58. Le souligné est de nous. – Le texte devient iconique : l'empêchement *se lit* dans la suspension et l'inachèvement de la phrase, il ne peut pas *se dire* (sinon par le roman comme ensemble). Ce « milieu » et cette description dont parle Lebeuf impliquent évidemment l'épos réaliste, que Gilles Marcotte nomme « la forme classique, conquérante, du roman occidental » (*Le Roman à l'imparfait*, La Presse, 1976, p. 16).

par les énonciations particulières des personnages. Ses phrases sont courtes à l'instar de celles de Lebeuf mais en revanche, lorsqu'il dit « cabaret » au lieu de « plateau » (p. 68), il parle comme Marguerite ; et dans l'énoncé suivant : « mais tous étaient d'accord que la *cancellation* de sa retraite après trente années de service constituait une iniquité révoltante » (p. 121), l'anglicisme souligné renvoie-t-il au français encore précaire de Weston ou au franco-québécois de Lebeuf et de certains comparses ? Mais par ailleurs, écrire « héler un taxi », c'est se parer des grâces surannées de Sillery (p. 105)[21].

En fait, la multiplicité et l'hétérogénéité linguistiques ainsi caractérisées posent le problème fondamental de la NORME, non pas certes dans sa fonction corrective ici secondaire, mais à titre de condition institutionnelle (et culturelle) indispensable pour que le langage d'une communauté humaine puisse accueillir et porter les codes de la littérature. Il se pourrait même que la pluriglossie textuelle ait eu déjà quelque rapport avec le statut du langage dans une société. On pense à l'Irlande de Joyce, au Moyen Âge finissant de Rabelais marqué par une crise des signes. Quoi qu'il en soit, un écrivain ne peut travailler que sur fond d'une norme, une norme partagée d'abord, maîtrisée, dominée ensuite, finalement jouée et déjouée. Elle peut être renfermée dans les discours d'une autre langue comme pour Dante (le latin) ; l'œuvre plurielle la représente même parfois, ainsi chez Rabelais où le langage plus neutre assumé par les bons géants désigne comme

21. Le langage, élément essentiel du contenu narratif, ne se signale pas uniquement dans le discours direct comme en fait foi cet exemple : « Bill fit une pause d'élocution [...] » (p. 47).

écarts autant les divagations savantes que les hâbleries populaires. Comment s'étonner si Gargantua semble prendre soudain le visage de François Ier ?... On conçoit que le Prince ne doive pas être le maître du langage, mais celui-ci, pour s'exercer, a quand même besoin d'une cité et ne s'accommode pas nécessairement de la confusion et du vide politiques. Et puisque Lebeuf n'arrive pas à écrire le roman qui va enfin exprimer ce que « nous » sommes, se pourrait-il que l'incapacité dont il s'agit réside non pas en lui mais dans ce « nous » *en situation de langage* que cherche à représenter le texte[22] ?

PARLER DU ROMAN QUI SE FAIT

Pour s'assurer de cette question, il convient d'examiner non plus la forme du discours diégétique mais, cette fois, son contenu. De quoi est-il sujet par exemple dans les conversations entre Lebeuf, Weston et Sillery à « La Bougrine », au « Blue Sky », au « Tigre d'Argent », au « Vénus », à « L'Anchor »[23], etc. ? Ces lieux n'en constituent qu'un seul au fond. Ici est « mise

---

22. Si Bessette avait davantage opposé des types de discours que des formes élocutoires, son récit aurait fait la preuve événementielle de la possibilité d'une écriture mais différente de celle dont rêvait Jules Lebeuf. Chez Rabelais, Joyce, Aquin, l'hétérogénéité *discursive* ne paraît pas grevée d'un signe négatif, bien au contraire, tandis que dans *La Bagarre,* la multitude des *énonciations* s'accompagne de l'impuissance du héros à s'exprimer... Sur cet aspect, pour Rabelais, voir le chapitre XI de *Mimésis* d'Erich Auerbach ; pour un cas bien documenté d'interaction linguistique dans une société dans ses rapports avec la production littéraire, on consultera Mikhaïl Bakhtine, *L'Œuvre de François Rabelais et la culture populaire au Moyen Âge et sous la Renaissance,* p. 461-469.

23. La teneur de ces noms permet d'observer comment Bessette travaille le langage ; voici deux séries dont l'homologie paraît assez probante :

sur la table » la question de la possibilité d'un langage second adéquat à la réalité tandis que dans les intervalles entre les rencontres, le texte ébauche justement le roman possible de chacun des milieux d'où surgissent les trois protagonistes. Ils forment d'ailleurs un unique sujet du point de vue qui est le nôtre ici. On peut les envisager comme trois projections du moi textuel de l'auteur ou encore, dans la mesure où la complicité entre ce dernier et Lebeuf semble plus grande, voir dans les deux autres des figures de Lebeuf. Les interrogations des trois acteurs concernent principalement :

	EXEMPLES
1. LE STATUT ET LA FONCTION DES SIGNES CONSTITUANT LE CONTEXTE ET DEVANT ÊTRE TRAVAILLÉS PAR L'ÉCRITURE.	– On parle de l'utilité de la philologie[24]. Lebeuf ajoute : « Mais nous autres, Canadiens [...] Ce qu'il nous faut, c'est du français moderne à doses massives, pour compenser ce qu'on entend à la journée longue [...] » (p. 56). – Selon Sillery, le « Canada français » a « mauvaise conscience » du fait qu'il se demande à tort s'il parle mal ou bien (p. 56). Il fait mine d'afficher une attitude scientifique et objective de linguiste (p. 57).

Dans le texte :	*Dans le hors-texte* :
La Bougrine	Le Lion d'Or
Le Blue Sky	La Ceinture fléchée
Le Tigre d'Argent	Le Yacht Club
L'Anchor	Le Blue Sky

24. Autant parler de linguistique ! (Nous sommes en 1958). Et ce n'est pas tout à fait un hasard si Sillery étudie la rhétorique (de Pascal) (p. 31).

- Sillery refuse « d'attribuer la [...] rareté [des] chefs-d'œuvre au milieu linguistique » (p. 57).
- Lebeuf prend conscience de la supériorité linguistique de Sillery : « Sillery maniait sa langue avec plus d'aisance que lui » (p. 64).
- « Parce que je parle mal dans le réel, on dirait que je me sens obligé d'employer de grandes formules quand je tiens la plume » (Lebeuf, p. 96)[25].
- « [...] il se remit à la lecture de Lemelin en s'efforçant de noter les particularités linguistiques du dialogue... » (Ken Weston, p. 161).

2. LA POSSIBILITÉ POUR LES SIGNES D'ENTRER DANS DES SYSTÈMES COHÉRENTS APTES À ÊTRE CODÉS DES POINTS DE VUE CULTUREL ET LITTÉRAIRE.

- Discussion entre Lebeuf et Weston sur l'inexistence de stéréotypes d'identification culturelle pour les « Canadiens » à l'instar du « cowboy » pour l'Américain et de la « poignée de main » des Français, etc. (p. 13-14).
- « Ne me dites point, messieurs, que vous n'avez pas encore réglé le sort du

25. On observe un phénomène qui n'est pas sans quelque analogie aux Antilles françaises. La norme française métropolitaine, dans ce cas mal intégrée et intériorisée par des communautés de langue créole, reste extérieure, pur signe de promotion sociale. « Les

Canada et des lettres canadiennes-françaises » ? (Sillery, p. 19).

- « L'université d'un côté, les balayeurs de l'autre ; entre les deux, toute une variété de classes sociales... Superposés à tout ça, deux groupes ethniques de mentalité et de langues différentes. Lui Lebeuf, appartenait à l'un de ces groupes [...]. C'était toute cette complexité qu'il aurait fallu exprimer dans un roman. "Faire vivre Montréal, lui donner une âme en quelque sorte" » (p. 29).
- Ken Weston passant en revue ses observations sur les « Canadiens-français » : « En somme, ça *semble* beaucoup » (p. 39). (Le souligné est de nous).
- « Un milieu "différent", c'est correct. Mais le milieu que tu veux décrire, t'es plongé dedans ; et s'il est désorganisé, inconscient, sans cohésion, tu... » (Lebeuf, p. 58).

---

gens, affirme le poète et romancier martiniquais Édouard Glissant, pour gravir les échelons de la respectabilité, s'astreignent à un langage français tellement stylisé et fleuri qu'il en devient caricatural et absolument aliénant. En Martinique, parler français, c'est plus important que de dire quelque chose » (*Liberté*, nº 90, 1973, p. 199, Actes de la Rencontre québécoise internationale des écrivains, sur le thème « Roman des Amériques », septembre 1972).

– « Mais voilà : [son travail] ne *prenait pas forme.* Comment intégrer tant de données disparates ? » (Weston, p. 158).

Comme on le constate, le contenu d'une partie notable et particulièrement mise en évidence du discours diégétique présente un commentaire réflexif et théorique du contexte intratextuel de flottement linguistique dans lequel les personnages sont par ailleurs plongés. En d'autres mots, le texte dans son ensemble motive ce commentaire tandis que ce dernier double et prolonge le texte vers les aspects plus proprement culturels de l'environnement langagier représenté. Par là, Lebeuf est donc inclus dans ce « nous » en situation de langage dont il a été question plus haut, situation qu'il assume à sa manière, de sorte que son empêchement de discours (il ne s'agissait pas au fond de chercher dans le réel ce qui doit en être dit mais de trouver et développer dans le langage ce qui peut être dit du réel) est un phénomène collectif vécu sur un mode personnel et historique.

« La possibilité ou la difficulté d'un langage, disait Édouard Glissant, ça peut être un personnage, un véritable sujet de roman. Ça a des dimensions presque physiques [...] »[26]. Et effectivement, *La Bagarre* se présente comme le roman des conditions linguistiques du discours de l'épos réaliste (Jules Lebeuf lit *Le Père Goriot*) destiné à assurer la vision littéraire fondatrice et exemplaire d'une société[27]. Mais c'est aussi le roman de

---

26. Édouard Glissant, *loc. cit.*, p. 190.

27. Il est significatif que Sillery, réfléchissant à sa situation dans la société, évoque *Guerre et Paix* (p. 75-76) et que Lebeuf, de son

son impossibilité concrète. S'il nous apprend quelque chose, c'est bien ceci : que l'Institution, quoi qu'on dise, ce n'est pas seulement affaire d'appareils (école, édition, critique, prix, etc.) mais aussi et beaucoup de langage et de discours.

UN PERSONNAGE EN TROIS PERSONNES

Peut-être estimera-t-on, au terme de cette analyse encore trop sommaire de la contextualisation linguistique du personnage-écrivain dans *La Bagarre,* que justement nous n'avons pas accordé assez d'attention aux personnages. Cela n'était pas indispensable à notre avis puisque les dialogues et les monologues dont nous avons fait abondamment cas – ce que nous avons nommé le discours diégétique – sont après tout le fait des personnages et que, du reste, il est toujours préférable de visiter un texte en passant par son phénomène d'entrée (celui qui nous frappe le plus à la lecture), quelles que puissent être par ailleurs l'approche et la méthodologie ; elles finissent bien par rencontrer et investir leur objet... Ajoutons toutefois que la figure trine du sujet dans *La Bagarre* apparaît fortement cohésive. Lebeuf, Sillery et Weston sont en effet solidaires. Lebeuf, c'est la réalité sans le langage, Sillery, le langage sans la réalité. Le premier est condamné au silence, le second à la parodie :

> — Or donc, comme j'étais en train de dégobiller pour la deuxième fois, penché sur mon crachoir, un « Maelstrom épais », digne d'un Huysmans,

---

côté, rapproche Gisèle de Natacha (p. 83 et p. 220). Au surplus, Sillery, lors de la dernière rencontre, présume que Lebeuf « [poursuit] des travaux balzaciens de création romanesque » (p. 216). Sur Gisèle-Natacha, voir Gilles Marcotte, *Le Roman à l'imparfait,* p. 29.

> j'entendis au loin une si déchirante éructation que je levai incontinent la tête pour voir qui nauséait avec une si sartrienne conviction… C'est alors que je la vis !…[28]

Lorsque Sillery assure Lebeuf qu'il n'existe pas véritablement de différence entre eux (« Tu joues au réformateur, au Socrate de cabaret. Mais, en fait, tu mènes exactement la même vie que nous[29] »), cela signifie AUSSI : tu réussirais à bien parler (comme moi) que cela ne changerait rien à l'affaire car ce que nous avons reçu, toi et moi, c'est un même état de langage avec les mêmes discours ou la même absence de discours. Et le texte nous gratifie d'ailleurs d'un indice qui a son prix :

> Avec une grosse écriture enfantine, la jeune fille était en train d'inscrire les joueurs au tableau. Après avoir fait épeler deux fois le nom d'Augustin, elle marqua *Cileri* sur la feuille et le consulta du regard pour s'assurer que c'était bien ça.
>
> — Parfait, mademoiselle, parfait ! On me dit toujours que mon nom ressemble à un hors-d'œuvre. Je ne m'en suis jamais si bien rendu compte[30].

Toute *La Bagarre* peut tenir dans cette courte scène ! Ce n'est pas seulement le nom qui est un hors-d'œuvre dans le contexte linguistique, Sillery lui-même est hors-d'œuvre ou plutôt HORS D'ŒUVRE, à l'instar de Lebeuf qui désire tellement écrire qu'on « eût dit que sa vie même était en jeu » (p. 37) et qui pourtant n'écrit pas. Il en va de même avec Ken Weston. Il fournit à point nommé à Lebeuf la caution idéologique dont celui-ci a besoin. Les deux inachevés – le roman « vrai »

---

28. *La Bagarre*, p. 64.
29. *Ibid.*, p. 20.
30. *Ibid.*, p. 115.

et la thèse de sociologie – concernent le même objet. L'abandon de la thèse – Weston ne pouvant donner forme à l'informe[31] – ne marque pas la faillite de la sociologie. C'est au contraire la société représentée qui *manque* à la sociologie. Weston incarne l'observateur des mœurs, on dirait aujourd'hui le sociologue, qui est censé cohabiter dans Balzac avec le créateur de langage. Ce témoin affirme : on n'en peut rien dire, afin que l'écrivain soit justifié de ne dire rien.

Puisque Sillery occupe le pôle élocutoire opposé à celui de Lebeuf, on ne se surprend pas de ce que leurs caractérisations soient antithétiques. Le système s'avère presque trop parfait : Lebeuf : « mains énormes », « velues », la « figure massive », « nez épaté », « bouche lippue », « yeux inexpressifs », « à fleur de tête », finalement un « colosse » ; Sillery : « voix aiguë », « ton pointu », « se dandinant », « une femmelette »... Que la fonction-écriture se voie attribuée à la force tandis que le bien-dire est associé à la faiblesse[32], il s'agit là d'une coupure (écrivain fort parlant mal/non-écrivain faible parlant bien) que nous reconnaissons car nous l'avons déjà observée sous une autre forme dans les romans de Lemelin à la faveur de l'opposition Denis Boucher-Jean Colin et Denis Boucher-Ovide Plouffe.

---

31. *Ibid.*, p. 158. – Notons en outre que si Sillery est caractérisé par la *voix*, Weston l'est par l'attitude de la sagacité pénétrante : « yeux perçants », « lèvres minces ». La force et la prise sur le réel (Lebeuf), la maîtrise du langage (Sillery), l'observation perspicace (Weston), cela, mis ensemble, donnerait le grand romancier réaliste.

32. Il y a quelque chose de très nord-américain chez Lebeuf malgré l'ombre de Balzac et de Tolstoï. Sa force tranquille, sa pudeur, sa haine de la grandiloquence et de l'emphase, son goût pour le « visuel », le « concret », le « vif du sujet », son parti pris théorique de focalisation externe, tout cela évoque immanquablement un modèle

Ceci constaté, pourquoi Sillery, déjà « habile à jongler avec les mots » selon les termes mêmes de Gérard Bessette[33], est-il au surplus porteur de la culture ? Les signes de cette dernière, dans leur vaste majorité, sont produits par son discours. Certes, Lebeuf lit *Le Père Goriot* ; Sillery, lui, étudie la rhétorique de Pascal, cite ou mentionne Racine, Rimbaud, Socrate, Baudelaire, Homère, Huysmans et Sartre. Dans une société où la norme du dire commun et du dire littéraire imposée par la tradition, par une classe, bref par l'institution, est intériorisée et transmise, Sillery aurait été l'écrivain attendu[34], manifestement pas Lebeuf. Le phénomène de distanciation de la culture, apparu antérieurement à travers les couples Max Hubert-Hermann Lillois, Denis Boucher-Pierre Boisjoly, etc., refait surface dans *La Bagarre,* lié pour la première fois de façon explicite et sans équivoque à la situation concrète du langage. Il est remarquable que celui qui se trouve « habile à jongler avec les mots », « porteur de la culture », mais empêché de langage dans sa société, soit en revanche celui qu'on charge des rapports avec le dehors, sinon « l'étranger » : le Français (p. 71), le Chinois (p. 130)…

---

dont Hemingway fut peut-être le plus notable propagateur (voir notamment la critique que Lebeuf fait d'un de ses propres textes, p. 95-97).

33. Gérard Bessette, « Mes romans et moi », *Voix et images,* vol. III, n° 3, avril 1978, p. 410.

34. Dans un article déjà cité, « Culture populaire et culture sérieuse dans le roman québécois », nous écrivions : « Gérard Bessette, dans *La Bagarre,* oppose le fruste Lebeuf au cultivé et raffiné Augustin Sillery. Un des deux personnages sera un écrivain. Qui des deux, pensez-vous, se verra confier la fonction ? Ce sera Jules Lebeuf alors que l'écrivain vraisemblable, selon le code culturel, aurait dû être Sillery. Autre manière pour l'écriture de se censurer comme culture » (p. 32). Dans « Mes romans et moi », *loc. cit.,* Gérard Bessette nous donne personnellement raison sur ce point (p. 410).

… Et voilà pourquoi, finalement, la petite Gisèle qu'aurait aimé Lebeuf ne s'élèvera pas, après tout, à ce plan où l'appelait sa ressemblance avec Natacha (p. 83, p. 220) tandis que Lebeuf lui-même, comme on l'a vu, renonce à écrire le *Guerre et Paix* québécois et que, dans la vie réelle, notre roman s'engagera de plus en plus dans une voie autre que celle du grand réalisme. Le problème soulevé par *La Bagarre* trouvera une solution dans *Le Libraire,* publié en mil neuf cent soixante. *Le Libraire,* c'est, par excellence, l'antithèse du réalisme pathétique à la *Poussière sur la ville* et Jodoin, son narrateur, le parfait contre-Docteur Dubois. Hyperréaliste dans les détails mais allégorique ou mythique quant à l'ensemble[35], faisant semblant de jouer le discours en deçà des possibilités institutionnelles, on se plaît à imaginer que c'était là le roman que Lebeuf, compte tenu de son milieu linguistique et culturel, aurait dû commencer par écrire. Eu égard à la pluralité linguistique de *La Bagarre,* il accomplit une sorte de repli stratégique comme si Jodoin, par son discours à la fois minimal (son refus de la discussion, son laconisme) et surmarqué (par exemple, les imparfaits du subjonctif), donnait la parole au *silence* même du peuple, et déjouait ainsi négativement, à la manière du peuple, le discours hégémonique dont Chicoine et le Curé ne sont que les relais. Mais, faut-il le souligner, *Le Libraire*

35. Ceci aurait dû suffire à décourager toute lecture idéologique de la substance du contenu, laquelle, pour avoir quelque portée, ne peut être que conjoncturelle ; or, justement, comment attacher une signification référentielle, en 1960, à cette histoire de livre de Voltaire défendu alors que le livre de poche, depuis la fin des années quarante, répandait dans tout le Québec les ouvrages à l'index de Gide et de Sartre ? En fait, du strict point de vue du contenu narratif, *Le Libraire* relate une histoire du dix-neuvième siècle.

n'appartient déjà plus à notre corpus par sa manière de poser dès la première page : « [...] j'ai aperçu, sur une étagère, l'hebdomadaire local, *Le Courrier de Saint-Joachim.* Je l'ai pris. Il datait de trois jours. Ça n'avait pas d'importance[36] ». Car si le temps, l'exactitude la véracité, en somme l'Histoire n'ont pas d'importance, qu'est-ce donc qui en aura ? Godbout, Aquin, Ducharme par la suite compléteront la réponse : l'écriture elle-même. Avec *La Bagarre,* nous n'en sommes pas encore tout à fait là[37].

En mil neuf cent soixante, l'année du *Libraire,* paraît un fort curieux roman, du moins pour ce qui a trait à notre propos. *Doux-amer*[38] de Claire Martin *semble* tenir ce que les romans de Charbonneau et Hamel à l'époque précédente et même celui de Poirier

36. Gérard Bessette, *Le Libraire,* Cercle du livre de France et Julliard, 1960, p. 8.

37. Quoique nous rejoignions pour l'essentiel – mais à la suite d'un point de départ différent – les conclusions de Gilles Marcotte dans *Le Roman à l'imparfait* (p. 21-93), nous nous en écartons toutefois dans la mesure où pour ce que Marcotte appelle « l'incompatibilité entre [la] forme et l'époque, le milieu » (p. 34), nous envisageons le second terme comme un contexte social de langage et de discours que le texte s'emploie quand même à « représenter », et qu'en conséquence, nous n'avons pas affaire à une tentative à demi-réussie de roman réaliste mais bien plutôt au roman réaliste réussi de l'impossibilité du réalisme. Par ailleurs, l'ensemble de ce travail était déjà rédigé lorsque parut l'article déjà cité de Gérard Bessette, « Mes romans et moi ». « En faisant de Sillery, affirme Bessette, un inverti [...] je cédai peut-être au vieux préjugé canadien-français voulant qu'un homme parlant "en termes" (à la française) soit un "maudit fifi". Au contraire, dans notre scénario imaginaire, le parlant canayen (qui n'était pas encore joualophone) faisait figure de *tough,* de viril : ce sont des qualités que possède Lebeuf » (p. 410-411)... Ô mânes d'Ovide Plouffe !

38. Claire Martin, *Doux-amer,* CLF poche, 1967. (Cercle du livre de France, 1960).

n'avaient fait que promettre : un personnage qui d'emblée, indubitablement, sans nécessité de reprise du texte, S'IMPOSE au lecteur comme écrivain. Mais hélas ! il n'en est pas tout à fait ainsi. Il peut arriver dans la fiction que la littérature, au lieu d'essayer – avec les fortunes que l'on sait – de se mettre en scène pour elle-même, ne se donne à voir que comme signe ou substitut d'autre chose. C'est ce qui explique qu'on peut très bien se laisser abuser par une première lecture de *Doux-amer.* Voyez un peu : un éditeur relate sa longue liaison avec la romancière Gabrielle Lubin qu'il a lancée, dont il publie les livres, et qu'il ne cesse d'encourager à travailler, de soutenir aussi à travers déboires et souffrances, car cette femme le quitte pour un autre, Michel Bullard, « journaliste, comédien, critique, écrivain, poète »… (p. 50). En apparence, nous avons là la situation contextualisante parfaite : l'amant-éditeur à un bout, un mari littéraire à l'autre, au centre la romancière acharnée au travail (p. 32). Cela constitue, du moins en principe, un milieu, l'appareil, l'institution, bref, encore une fois, ce qu'on attend comme devant accompagner obligatoirement l'écrivain dans un discours romanesque qui le pose en sujet.

UNE FAUSSE ROMANCIÈRE : GABRIELLE LUBIN

En fait, cela va tellement bien que cela va TROP sans dire. Cet éditeur exceptionnel laisse bien loin derrière lui les contraintes de l'appareil ; il serait d'ailleurs lui aussi un écrivain, d'abord parce que doté d'une sensibilité et d'une intuition rares[39], il réagit en critique

39. Avec des accents nervaliens : « Jusqu'à ce que je sois nu, de la seule façon que je le serais jamais à présent, "le veuf, l'inconsolé" » (p. 57).

aux manuscrits qu'on lui apporte, se considère même presque l'auteur du premier roman de Gabrielle (p. 12), ensuite parce que, ne l'oublions pas, il demeure le narrateur de *Doux-amer*. On ne le surprend à parler de contrat qu'une seule fois et encore assez allusivement (p. 94). Ce n'est pas un reproche. Il s'agit de voir de quoi il est réellement question. Un COMME SI implicite opère pour tout cet aspect de *Doux-amer* : comme si désormais dans ce monde-là, des éditeurs sensibles et désintéressés assuraient enfin à des auteurs méritants, dans une atmosphère de dîners en ville, tantôt « un assez joli succès » (p. 12), tantôt « un assez vif succès de curiosité » (p. 107). Et Gabrielle de faire son miel de tout ce butin : « C'est un roman que j'écris, là ! Ce roman est tiré de ma vie »… (p. 129). Ou bien : « L'écrivain est un monstre. Peu lui importe où il prend sa pâture […] Rien ne l'avait retenue d'expliquer comment notre vieil amour avait cédé le pas au nouveau[40] » (p. 163).

Gabrielle a la détermination et la passion qui n'admettent aucun obstacle. Il n'était pas indispensable d'ajouter : … « d'écrire ». Elle aurait pu être comédienne et l'éditeur, le directeur de la troupe. Elle aurait pu, à la rigueur, faire de la décoration d'intérieur. La détermination et la passion ici, ce sont celles d'une femme imaginant ou vivant « le dernier grand festin de la chair » (p. 130) à l'ombre d'un vieux mari protecteur ou d'un vieil amant compréhensif. La littérature se

---

40. Dans son dernier roman, Gabrielle raconte – elle aussi – sa liaison avec l'éditeur. C'est une des rares informations que nous ayons sur un de ses livres. On reconnaît dans cette volonté de dire l'expérience vécue une des caractéristiques du roman de la parole.

signale certes dans *Doux-amer,* mais autrement que par cette représentation illusoire d'elle-même. Si l'éditeur, son monde, ses attitudes paraissent irréels à un lecteur du milieu où le roman de Claire Martin a été publié, si aucun lieu n'est nommé, si nous ne savons jamais rien des romans que Gabrielle met tant d'acharnement à écrire, ce n'est pas à cause de la minceur du référent, c'est qu'il est ailleurs, où nous ne le cherchions pas, motivant comme il se doit un roman bourgeois de la chair triste. La qualité d'écrivain dans *Doux-amer* n'est pas accessoire, elle est superflue.

LE POINT TOURNANT

Ce phénomène que nous avons nommé contextualisation paraît trop net, trop opérant, pour ne pas inviter à certains prolongements d'ordre social et historique. Dans la seconde moitié des années cinquante, tandis que le roman dit psychologique de la décennie antérieure s'affermit et s'affine avec Jean Filiatrault, Claire Martin, etc., les conditions de la forme actuelle du roman québécois commencent par ailleurs à se rassembler. Il y a là un point tournant dont nous avons cru déceler le mouvement et la direction dans Simard, Poirier et Bessette.

Le caractère réflexif de la situation énonciative ainsi que du contexte fictif de culture et de langage suppose qu'un milieu et qu'une vie littéraires, peut-être surtout une vie en littérature, en écriture, commencent à se penser comme différenciés, affranchis, existant pleinement pour eux-mêmes. L'institution littéraire, en tant qu'ensemble constitué par des faits d'appareil et de discours, se donne et se saisit toujours en effet comme un monde relativement complet, autonome, suffisant, protégé de l'immédiateté sociale. Cela est fonction indubitablement de la situation concrète des écrivains dans la société et de la manière dont ils la perçoivent.

Quel poids donner sous ce rapport à l'émergence assez récente d'une « petite bourgeoisie » capable de se sentir enfin *à l'aise* au Québec parce qu'œuvrant dans des secteurs nouveaux ou modifiés (radio, cinéma, publicité, journalisme, fonction publique, enseignement), apparemment éloignés du politique et aussi des contraintes sociales liées à l'exercice des professions auparavant accessibles : curé, médecin, avocat ? On conçoit qu'à *Cité libre,* on ait pu effectivement se sentir libre.

Il reste cependant, toujours du point de vue qui nous retient ici, que si cette position inédite des écrivains[41] – ainsi que l'ambiguïté découlant de structures politiques complexes à multiples instances – ont pu favoriser indirectement la représentation contextualisée de l'auteur comme personnage, la question déjà posée du statut de la culture et du langage demeure irrésolue même si elle ne se présente pas de façon aussi candide qu'à l'époque précédente. Peut-être avons-nous affaire ici à un phénomène de longue durée, de nature plus anthropologique que conjoncturelle et idéologique, et que l'institution, même si elle nous apparaît encore fragile, peut très bien à sa façon relayer.

---

41. Elle susciterait le même sentiment ambivalent d'indépendance et de liberté que l'appartenance dans une autre société à une bourgeoisie constituée, avec ses traditions, sauf, bien entendu, la « possession tranquille » de ce que Proust appelait « les certitudes grammaticales »…

EN GUISE DE CONCLUSION : UNE HISTOIRE D'AMOUR (P.Q.)…

« Phénomène de longue durée » qui peut être « relayé » : c'est dans ces termes qu'a été évoqué à la fin du dernier chapitre le statut de la culture (et du langage) dans le roman de la période 1955-1960. Nous aimerions conclure en nous demandant s'il y a effectivement « relais » par le roman d'aujourd'hui malgré les changements formels. C'est la raison pour laquelle nous désirons attirer l'attention sur quelques-unes des particularités d'un roman d'après mil neuf cent soixante, trop tardif pour entrer dans le corpus : *D'Amour, P.Q.* de Jacques Godbout[1].

Mais pourquoi insister ainsi, en guise de conclusion, sur un seul texte ? Confessons qu'il y a là d'une part un effet de symétrie assez plaisant : à chacun des bouts de notre parcours se trouve en effet un roman (*Au pied de la pente douce/D'Amour, P.Q.*) servant à asseoir et ouvrir le propos, car nous souhaiterions que la clôture fût à son tour une ouverture. Mais on reconnaîtra d'autre part – sous une forme plus restreinte et moins nettement idéaliste – une attitude inspirée du postulat d'Auerbach selon lequel « n'importe quel fragment de vie, pris au hasard, n'importe quand, contient la totalité du destin et […] peut servir à le représenter[2] ». On peut, sans croire pour autant que le tout réside obligatoirement dans la partie, conférer une

1. Hurtubise HMH/Seuil, 1972.
2. Erich Auerbach, *Mimésis,* p. 543.

portée assez générale à certaines des caractéristiques d'un texte ou de quelques textes. Cela semble légitime, par exemple, lorsqu'il s'agit d'une œuvre qui reprend manifestement le discours social (et le discours littéraire) concomitants en les donnant à voir de manière telle qu'on ne saurait les percevoir comme asservis à une visée transformante globale. C'est la raison pour laquelle Eugène Sue éclaire Balzac et Hugo alors que l'inverse est beaucoup moins vrai. *D'Amour, P.Q.* de Jacques Godbout entre dans cette catégorie. Ce n'est pas un mince mérite... Précisons par ailleurs que non seulement il comporte un protagoniste-écrivain mais que celui-ci illustre de la façon la plus probante le trait distinctif – dont nous avons déjà fait état[3] – des principaux romans à personnage-auteur depuis *Le Libraire* de Bessette : la situation d'écriture, la possibilité ou l'impossibilité du texte même[4], les choix énonciatifs et formels tendent à en constituer la substance narrative ou du moins à la subordonner manifestement à leur expression propre.

Voici un « personnage », Thomas D'Amour, dont l'aventure consiste précisément à produire un discours dont les diverses formes correspondraient aux événements marquants de l'histoire dans un roman des époques antérieures. Les avatars successifs du texte et du héros de Thomas (du flou de l'Origine se signalant comme artistement poétique jusqu'à la précision référentiellement joualisante de la fin dans un restaurant montréalais, en passant par l'exotisme arabe, etc.)

---

3. Voir l'avant-propos ainsi que nos remarques sur *Le Libraire* au chap. V.

4. Non plus le texte « représenté » qu'un personnage-écrivain écrit ou veut écrire, mais le texte « représentant », celui qu'on lit.

acquièrent de ce fait une valeur éminemment réflexive. Les codes littéraires, leurs possibilités et leurs contraintes, ne font pas surtout l'objet de mentions comme dans *Mon fils pourtant heureux* de Jean Simard ; les voilà exemplifiés, joués, « essayés », réalisés si l'on veut, s'autodésignant par ce qui précisément les distingue les uns des autres. Dans le roman de Godbout, c'est donc un écrivain en tant que sujet de plusieurs énonciations qui se constitue en personnage. Qu'il couche avec Mireille, la dactylo chargée de taper son manuscrit, ne change rien à l'affaire : on est encore ici ramené – ceci dit sans ironie – à une situation productrice concrète ! Quant à Imroul Kaïs, Justman, Jacques le Matamore, Tarzan d'Amour, ce ne sont plus vraiment des acteurs mais des noms de forme ou de style…

Le constant retour à un producteur du texte saisi dans les conditions qui entourent ou déterminent sa parole peut revêtir des aspects différents de ceux qu'on vient de constater chez Godbout. Dans *Prochain épisode*[5] d'Hubert Aquin, roman caractérisé par une relative homogénéité discursive, l'insistance est mise sur la position matérielle et psychologique du scripteur ainsi que sur ses décisions formelles et narratives :

> J'écris sur une table à jeu, près d'une fenêtre qui me découvre un parc cintré par une grille coupante qui marque la frontière entre l'imprévisible et l'enfermé. Je ne sortirai pas d'ici avant échéance […] Au fond, un seul problème me préoccupe vraiment, c'est le suivant : de quelle façon dois-je m'y prendre pour écrire un roman d'espionnage ? Cela

5. Le Cercle du livre de France, 1965.

> se complique du fait que je rêve de faire original dans un genre qui comporte un grand nombre de règles et de lois non écrites. Fort heureusement, une certaine paresse m'incline vite à renoncer d'emblée à renouveler le genre espionnage [...] Et comme il me plairait, par surcroît, de situer l'action à Lausanne, c'est déjà chose faite[6].

En fait, l'acte d'écrire s'autoréfère avec une telle fréquence dans *Prochain épisode* qu'il faudrait alléguer chaque page. Mais contrairement à Godbout qui éloigne le récit dans la distance par l'opération d'un montreur-présentateur (nous y reviendrons plus loin), Aquin fait se compromettre dangereusement l'auteur (et nous aussi lecteurs) dans son texte :

> Coincé dans ma sphère close, je descends, comprimé, au fond du lac Léman et je ne parviens pas à me situer en dehors de la thématique fluante qui constitue le fil de l'intrigue. Je me suis enfermé dans un système constellaire qui m'emprisonne sur un plan strictement littéraire, à tel point d'ailleurs que cette séquestration stylistique me paraît confirmer la validité de la symbolique que j'ai utilisée dès le début : la plongée. Encaissé dans ma barque funéraire et dans mon répertoire d'images, je n'ai plus qu'à continuer ma noyade écrite. Descendre est mon avenir, plonger ma gestuaire unique et ma profession. Je me noie. Je m'ophélise dans le Rhône. Ma longue chevelure manuscrite se mêle aux plantes aquatiles et aux adverbes invariables, tandis que je glisse, variable, entre les deux rives échancrées du fleuve cisalpin[7].

---

6. *Ibid.*, p. 7-8. Il convient de noter le caractère nettement illocutoire de ces paroles.

7. *Ibid.*, p. 22.

Comment distinguer dans ce large extrait superbement tissé la situation d'écriture de la situation fictionnelle ? Certes, la première est fictive, elle aussi, mais c'est déjà beaucoup que le « je » aquinien s'avance ainsi nu, fût-ce d'une nudité inventée. Imaginer une position narrative telle que les événements dans le récit semblent traduire des problèmes de codes et de mots, c'est subvertir la littérature en faisant pénétrer le lecteur dans l'atelier de sa production[8]. On ne peut donc plus parler d'intrusions d'auteur dans *Prochain épisode,* ces termes supposant la coupure *récitant/récité.*

Tandis que la démarche d'Hubert Aquin requiert l'emploi de la première personne, celle de Victor-Lévy Beaulieu s'accommode de l'absence (apparente) d'une voix narrative. Son personnage, le romancier Abel Beauchemin[9], ne se raconte pas. Il est raconté :

> [...] Abel Beauchemin venait de comprendre que jamais plus il ne pourrait écrire de romans [...] « Non, non », balbutiait-il en essayant de se lever. Mais il n'y avait plus de force en lui et il retomba sur sa chaise, échappant le stylo-feutre qu'il tenait à la main[10].

« Trahi par les mots, ainsi que l'a remarqué un critique, trahi par les personnages mêmes qu'il a créés, trahi par sa femme Judith, Abel se retrouve seul dans sa mort littéraire[11] ». *Don Quichotte de la Démanche* se présente

---

8. On ne confondra pas la dénudation aquinienne (qui s'exerce sur le plan de l'écriture) avec la dénudation classique (Diderot, Sterne) ayant pour but de souligner au lecteur qu'il se trouve devant une fiction. La première « dérange », la seconde rend complice.

9. *Don Quichotte de la Démanche*, L'Aurore, 1974.

10. *Ibid.*, p. 13-14.

11. Pierre-André Arcand, « Don Quichotte de la Démanche », dans *Livres et auteurs québécois 1974,* p. 35.

effectivement comme un texte de l'impossibilité du texte clos, achevé. Mais le sort de l'écriture s'y joue nettement dans la diégèse, il n'est pas fonction, à l'instar de ce qui se passe chez Godbout et Aquin, des prétendues conditions de production formelles ou matérielles du roman qu'on a sous les yeux. Qu'est-ce donc alors, de ce point de vue, qui séparerait *Don Quichotte de la Démanche* de *La Bagarre* de Bessette ? Il conviendrait de rappeler ici l'opposition entre *écrire la vie* et *vivre l'écriture.* Dans *La Bagarre,* les événements et les actions ont certes un rapport avec le vouloir-écrire de Lebeuf (« exprimer » Montréal, le Québec), mais il s'agit d'un rapport distendu, virtuel, dont on ne sait trop s'il engagerait aussi bien la forme que la substance de l'œuvre projetée. Abel Beauchemin, lui, après « cinq ou six romans […] un million de mots en sept ans[12] », se voit possédé par l'écriture :

> Il n'y avait pas de solution à l'écriture sinon celle de continuer et de continuer à noircir des pages […] plus on écrivait et plus l'on se sentait obligé d'écrire[13]…

Les actions, les personnages, les événements ne servent pas ici de cadre. Sous la forme de souvenirs, de rêveries, de délires, ils se succèdent dans un mouvement sans fin semblable à celui de l'écriture elle-même. On dira qu'ils constituent son double fantasmatique. Victor-Lévy Beaulieu pose ainsi le personnage-écrivain dans un monde en « état second », abolissant de ce fait, dans le contenu narratif, toute distinction possible entre l'écriture et la vie. *Don Quichotte de la Démanche* rejoint par ce biais *Prochain épisode* et *D'Amour, P.Q.*

---

12. *Don Quichotte de la Démanche,* p. 21.
13. *Ibid.,* p. 21.

Réjean Ducharme n'a pas besoin d'un je-écrivain ou d'un il-écrivain pour signifier que le sujet de son texte est le texte lui-même. Il suffit, pour s'en convaincre, de se remémorer l'incipit épigraphique de *Le Nez qui voque* :

> [...]
> « Ah ! » (Colette.)
> « Je me... » (Barrès.)
> « Oh ! » (Kierkegaard.)
> « Ah ! » (Platon.)
> « Sur la... » (Mauriac.)
> [...]
> « Il fait... » (Gide.)
> [...][14]

L'ambiguïté du procédé vaut d'être notée. Mettre le nom d'un auteur en exergue à un livre, c'est une forme de mise en relief, une façon de lui accorder quelque importance. Mais ne citer de lui qu'un fragment de syntagme insignifiant, cela équivaut à réduire son apport, son originalité. En fait, l'épigraphe de Ducharme propose un mode de lecture : je vais faire de la littérature sur et avec la littérature, annonce-t-elle, puisque la langue littéraire appartient à tous... Voilà donc mon matériau. Les écrivains tel Ducharme, dont l'écriture travaille manifestement les discours littéraires, dont le texte s'avère une longue citation à la fois affichée et masquée, réussissent à représenter l'écrivain *autrement* que par un personnage. Les jeux ostensibles de l'intertextualité dans Ducharme tout comme la reprise naïve d'un certain langage par surcodage chez Gilbert

14. *Le Nez qui voque*, Gallimard, 1967, p. 7.

Choquette[15] dessinent à leur manière un auteur dont la relation à Ducharme et à Choquette est homologue à celle de Régis Dubuc ou d'Abel Beauchemin envers Poirier et Beaulieu. En revanche, il se pourrait que l'écriture des romanciers du discours social ambiant[16] – on pense à Lemelin et à Godbout – tende à concentrer ses signes autoréférentiels sur un personnage au lieu de les distribuer dans le texte.

Ces indications trop brèves avaient pour but de rappeler par quelques exemples ce que *D'Amour, P.Q.* a en commun, à travers la pluralité des formes, avec d'autres romans québécois actuels. Le retour de l'énoncé narratif sur son énonciation, la substitution de l'histoire d'une écriture à l'écrivain dans une histoire[17] caractérisent en effet, à des degrés divers, de nombreux textes notables des quinze dernières années. Mais par ailleurs, certains traits plus spécifiques ne laissent pas de donner au roman de Godbout un relief exceptionnel eu égard à notre propos.

Rappelons l'argument : Thomas D'Amour, romancier, poète (?), critique, a de surcroît l'allure d'un professeur d'université (« Département d'Études françaises »). Son discours d'écrivain (que Mireille, la secrétaire, tape à la machine) apparaît manifestement

---

15. Voir le chap. IV.

16. Il s'agit évidemment d'une question d'insistance. Godbout lui-même s'est expliqué là-dessus dans « Le roman journal », *Liberté*, n° 115, janvier-février 1978, p. 106-113.

17. Se rappeler l'aveu de la Pauline Archange de Marie-Claire Blais : « Je rêvais tant d'écrire la vie que je croyais parfois la posséder ; mais quand je voulais écrire ces choses du passé, elles semblaient disparaître dans la brume [...] » (*Les Apparences*, Éditions du Jour, 1970, p. 11).

voulu, du moins au début, comme très littéraire, trop littéraire, c'est-à-dire fort éloigné aussi bien d'un référent social immédiat que du langage parlé ambiant ; quant à son discours de personnage (les dialogues), on dira qu'il dénote d'abord quelque chose de précautionneux, de guindé, également à mille lieues de la langue « réelle ». Ces aspects discursifs accompagnent ostensiblement chez lui des empêchements d'un autre ordre : psychologique, voire sexuel. Thomas D'Amour s'avère d'autant plus noué, entravé, semble-t-il, qu'il est un écrivain « littéraire » et un intellectuel... C'est Mireille qui le déliera sur tous les plans. Elle incarne la liberté et la réalité, les deux traduites ici en un langage dont on pourrait induire toute une poétique, celle d'un certain franco-québécois déluré, goguenard, « joualisant », volontiers cynique, popularisé à la télé et à la radio par les chansonniers et les monologuistes :

> — Vous zêtes pour la reproduction ou bedon la pilule ? Tu trouves pas qu'il a une tête à stérilet ? Y ferait pas vieux os comme M.C. *(elle prononce aime si)* au Champ's, c'est sartain [...] Tu sais que Mariette doit nous écouter en ce moment. Salut la plotte ! C'est le fonne, la radio[18].

Ce langage est quasi performatif. Le seul fait de sa profération suffit à instaurer la liberté dans la vie et la vérité dans le discours. Mireille apprend à Thomas à faire l'amour tout comme elle lui montre à écrire[19]. Le texte de Thomas se rapproche alors de Rosemont :

> Une moto, c'est vite parké ! Assis côte à côte au restaurant, ils se tiennent les genoux [...] lui rit très

---

18. *D'Amour, P.Q.*, p. 151.

19. Elle est à la fois critique littéraire, puisqu'elle juge le texte de D'Amour, et auteur, car elle en dicte des parties.

> fort, ça dérange les voisins, mais ils s'en sacrent en sacrament[20]...

Ceci rappelé, observons comment la substitution du lit à la table de travail est touchante, édifiante surtout : pour savoir écrire, il faut savoir aimer[21]. Et « laisse-toi [donc] aller Thomas D'Amour, insiste Mireille, laisse-toi aller[22] ». Quelque chose en nous de beau et de primordial d'avant les codes, l'institution, la culture, se pose comme le véritable sujet du texte. Pour peu qu'une Mireille y mette la main, l'écrivain doit jaillir comme il éjacule... L'opposition entre le « fabriqué » sérieux de Thomas et le « spontané » populaire de Mireille perpétue, à travers la mise à jour conjoncturelle de la substance du contenu, une des formes anthropologiques propres au roman québécois. Lorsque Mireille déclare : « T'as le cœur encrassé[23] », « t'as attrapé un coup d'Europe à l'université ? C'est un maudit torticolis ça. Mais vas-tu te promener toute ta crisse de vie le corps dans un sens, la tête dans l'autre ? [24] », elle prête à Thomas l'attitude même qui caractérisait, il y a quarante ans, le Max Hubert de Jean-Charles Harvey : « Déjà, le sens de l'art se faisait jour en moi aux dépens du cœur [...][25] ». Et la référence dans ce contexte à l'Europe trouve chez Harvey une figure fonctionnellement semblable : Hermann Lillois, le Français « trop civilisé, disons même [...] dégénéré[26] ». C'est aussi Paul Lafrance, le peintre « retour d'Eu-

---

20. *Ibid.*, p. 125.
21. *Ibid.*, p. 97.
22. *Ibid.*, p. 97.
23. *Ibid.*, p. 156.
24. *Ibid.*, p. 95.
25. *Les Demi-civilisés*, p. 25. Voir plus haut, p. 102.
26. *Ibid.*, p. 85.

rope », de Lemelin[27], qu'il faudrait invoquer à ce propos. En reprochant à Thomas D'Amour ses « tabarnaques d'intellectuels[28] », Mireille fait surgir bien des fantômes : Hermann Lillois, Paul Lafrance, les poètes et peintres auxquels s'oppose Gérald Forestier dans *Prix David*[29], Augustin Sillery.

Mais en rester là serait peut-être nous limiter à ce qui paraîtrait à bon droit anecdotique et même superficiel. Ce qui fait problème dans tant de nos romans à personnage-écrivain, ce n'est pas l'anti-intellectualisme, un parti pris contre la culture (on n'en finit plus de dénombrer les références à la littérature et aux arts chez Harvey, Lemelin, Charbonneau, Hamel, Simard, Bessette, Godbout), c'est la répartition même des signes, le fait que la culture, peu importe sa position d'ailleurs variable dans l'une ou l'autre série, se trouve constamment *opposée* à quelque chose. Plus profondément, le moment est venu de constater, cette fois globalement, comment presque toujours, l'auteur-narrateur ne réussit à se projeter comme auteur-personnage que dans la dualité, par le dédoublement de ce dernier en deux instances contrastantes. L'aménagement des signes de la culture obéit donc, en dernière analyse, à ce modèle duel qu'on serait en droit, il semble, d'envisager telle une structure anthropologique profonde. Certes, le fait que deux acteurs sont donnés comme antagonistes n'est pas de soi significatif ; rien n'empêche les écrivains d'imaginer leurs contradictions sous la forme de protagonistes opposés

27. Voir le chap. III.
28. *D'Amour, P.Q.*, p. 151.
29. Voir plus haut, p. 110-112.

sur tous les plans, Lemelin de se rêver à la fois en Denis Boucher et en Ovide Plouffe… Ce qui est significatif pour nous, il convient de ne pas le perdre de vue, c'est une dissociation liée étroitement à la représentation même de l'écrivain et de la littérature, et opérant de ce fait sur des signes autoréférentiels (le statut du discours littéraire et plus généralement de la culture). La conséquence apparaît nettement. L'écrivain possible, disons *complet*, simplement productif, raisonnablement apte à surmonter les inhibitions et les obstacles, ne s'obtient que par la synthèse des vis-à-vis dans la double série, Marcel Larocque et Bernard, Denis Boucher et Ovide Plouffe, Jules Lebeuf et Augustin Sillery, François et Jacques Galarneau[30], Mireille et Thomas D'Amour. Pourquoi l'intuition et la sensibilité, une certaine liberté intérieure, la verve, le sens du concret, l'énergie physique et créatrice, l'amour de l'art, la maîtrise du langage et pour finir la culture ne se trouveraient-ils pas parfois du même côté ? Qu'est-ce donc qui exige que Thomas et Mireille soient *toujours* séparés ?

La Mireille de Godbout, on s'en rend compte à ce stade, constitue la reprise et en même temps la revanche de Jean Colin, du côté risible d'Ovide Plouffe, de François Galarneau et aussi de Jules Lebeuf. Elle appartient, à l'instar de ses prédécesseurs, au paradigme de l'inné, du « naturel », de la source, de tout ce qui se donne comme antéstructurel et antéinstitutionnel ; mais contrairement à eux, elle intervient dans le Grand

---

30. Dans *Salut Galarneau !* (Seuil, 1967), Godbout oppose François Galarneau, apprenti écrivain, autodidacte, vendeur de hot dogs, à son frère Jacques, universitaire cultivé au train de vie bourgeois, « écrivain professionnel » (p. 44).

texte terrorisant – constellé des astres lointains de la culture – que Thomas D'Amour affiche avec une componction inhibitrice, qui intimidait Jules Lebeuf à travers les parodies de Sillery, et dont Jean Colin et Ovide Plouffe n'osaient s'approcher qu'avec un respect infini. Elle fait bien plus qu'intervenir : elle le disloque et le transforme sans la moindre gêne ; le voilà maintenant « naturalisé » et purifié. « Tu le soigneras, s'il a la littérature malade[31] », avait enjoint à Mireille sa copine Mariette.

On s'abstiendra ici de commenter les implications proprement idéologiques d'une attitude qui consiste à éloigner la culture aux fins d'exalter une sorte d'état de nature québécois et populaire. « Sacrament de calvaire, que t'es fendant avec ta culture le grand ! Ostie Thomas ![32] » Et D'Amour finit par rentrer doucement au pays natal : « T'es une maudite belle plotte, tu sais[33] ». En revanche, on remarquera combien Godbout, romancier du discours social ou plutôt romancier pour qui le discours social fait problème, éclaire rétrospectivement entre autres Lemelin et Bessette tout en enrichissant le modèle de variations significatives et de motifs nouveaux. Ainsi, pour la première fois, à notre connaissance, l'*alter ego* de l'écrivain représenté est du sexe opposé tandis que la distribution des signes de la culture entre les deux apparaît inédite. D'un côté, le texte sérieux de Thomas reprend plusieurs discours et codes littéraires ou culturels marqués à dessein pour en souligner le caractère irréellement poétique, dérisoirement érudit, faussement exotique, figé, guindé,

---

31. *D'Amour, P.Q.*, p. 42.
32. *Ibid.*, p. 94.
33. *Ibid.*, p. 95.

décroché de la « vie » ; de l'autre, la spontanéité de Mireille s'accompagne souvent de références ou d'allusions littéraires enjouées et comme retenues : Aragon, Claudel, Butor, Nerval, Pinget, le nouveau roman et la nouvelle critique, Proust, etc. La libre Mireille a la culture bien pudique. Lorsqu'elle proteste contre telle image de Thomas D'Amour en disant :

> – Envoye ! Le veuf ! L'inconsolé ! Le soleil noir ! J'ai fait mon cours Lettres-sciences, tu m'auras pas ! J'ai déjà su ça par cœur, l'Auteur ![34],

à quoi s'en prend-elle au juste ? À un élément perçu comme emprunté, étranger, inassimilable par un discours littéraire prétendument authentique et québécois ? Mais puisque c'est elle et non Thomas D'Amour qui prend la peine de dire (sans le dire) qu'elle connaît Nerval, se pourrait-il que la véritable question soulevée par *D'Amour, P.Q.* ne concerne pas la culture européenne dans son rapport intertextuel avec la nôtre, mais bien plutôt les conditions discursives, formelles, d'intégration de la culture, de toute culture au texte littéraire québécois ? Il semble que là-dessus, il faille rapprocher – ce n'est pas nouveau – la position de Mireille de la tradition nord-américaine. On ne peut résister à l'envie de citer cet extraordinaire passage de Miller :

> Écouter MacGregor parler à ses potes de Platon ou de Nietzsche, par exemple, était quelque chose d'inoubliable. Tout d'abord, ne fût-ce que pour avoir la permission d'aborder de tels sujets devant ses compagnons, il lui fallait prétendre que ce n'était que par le plus grand des hasards qu'il était

34. *Ibid.*, p. 25. Thomas D'Amour (l'Auteur) parlait d'un « Prince des Ténèbres ».

> tombé sur ces noms ; ou alors il se mettait à raconter qu'un soir, dans le fond d'un bar, il avait fait la connaissance d'un soûlard passionnant et que le bougre lui avait parlé de ces deux bonzes, vous savez, Nietzsche et Platon. Il allait jusqu'à faire semblant d'ignorer la prononciation exacte de leur nom. « Pas trop bête, après tout, ce bougre de Platon, disait-il en forme d'excuse. Il avait une ou deux bonnes idées dans le ciboulot, Platon, oui, M'sieur [...]. » Bien sûr, ce devait être un eunuque, ajoutait-il, histoire de verser un peu d'eau froide sur tant d'érudition. « En ce temps-là, expliquait-il lestement, les grands types, les philosophes, se faisaient souvent couper les noisettes [...] »[35].

MacGregor avait compris avant Raoul Duguay, dont le « *TOULMONDE est demandé au parloir* » sert d'exergue à *D'Amour, P.Q.*, que pour que tout le monde parle, il faut parler comme tout le monde. L'utopie de la libre circulation des langages requiert en effet que les écarts (par exemple, les signes propres de la culture) soient non pas abolis, mais négociés, ou plutôt compensés par le contexte discursif. Celui qui affiche les signes de la culture, du savoir, ne saurait être simultanément celui qui parle le mieux, car alors les autres n'auraient plus qu'à se taire. Ce principe règle la distance entre Thomas D'Amour et Mireille. Le discours soutenu et « cultivé »[36] de Thomas paraît

---

35. Henry Miller, *Tropique du Capricorne* (traduit de l'américain), Éditions du Chêne, 1958, p. 392-393. L'attitude de Mireille et de MacGregor est à rapprocher de celle de Christine dans *L'Antiphonaire* d'Hubert Aquin ; quand Christine parle de Pénélope, elle enrobe la référence culturelle de précautions blagueuses : « [...] l'épouse qui attend [...] que son marin de mari revienne de ses hosties de petits chants homériques » *(L'Antiphonaire*, Cercle du livre de France, 1969, p. 44).

36. Mireille reproche à Thomas de « faire cultivé » (p. 14).

terne et ennuyeux auprès de celui de Mireille, plein de verve et d'alacrité dans sa grossièreté calculée. Il y a là comme une sorte de régulation homéostatique qui corrige le plus du contenu par le moins de l'expression, et inversement. Ce qu'il faut éviter, c'est qu'en un point ou l'autre de la grande chaîne de parole qui relie les membres du groupe, l'autorité d'un DIT s'ajoute à celle d'un DIRE. Lorsque cela se produit, il y a danger qu'un des parleurs annexe le langage et le constitue en un discours dont il se prétende le propriétaire. Le groupe redoute les annexeurs et les accapareurs. Voilà pourquoi il récuse toute désignation stable de la propriété et de l'origine des discours, de sorte que Mireille, la secrétaire, peut intervenir dans le texte de l'écrivain Thomas, son patron. On aura reconnu ici, inspirant *D'Amour, P.Q.* tout autant que certaines parties de l'œuvre de Miller, quelques-uns des aspects fondamentaux de la vision carnavalesque et festive du langage, inséparable de cette culture populaire à laquelle nous nous sommes référé précédemment.

Or le roman de Jacques Godbout, en tant qu'ensemble textuel, ne fait pas lui-même la preuve de cette belle mise en commun des discours, il n'adhère pas tout à fait à la Fête langagière à laquelle nous convie Mireille (et, à la fin, Thomas). La Fête, chacun le sait, comporte une exigence de participation universelle, et pourtant le narrateur se tient résolument à l'écart. On ne peut imaginer une position plus singulière que la sienne, définie par son éloignement du récit (placé paradoxalement sous le signe du TOULMONDE PARLE de Duguay). Il ne faudra pas l'attendre au « parloir ». Les procédés de modalisation « distanciante » dont il use sont multiples : non seulement des indications en italique et entre parenthèses du type

« *elles vont au réfrigérateur*[37] », ou préfaçant, en capitales, les parties intitulées ACT ONE, ACT TWO, ACT THREE[38] (ce roman nous est présenté comme une œuvre théâtrale) par lesquelles il se démarque nettement de l'énoncé, mais aussi des insertions purement déictiques (« Mireille est revenue à l'appartement[39] »...) et surtout l'écart constant, jamais démenti, maintenu entre son discours et celui de Mireille. Voici un exemple entre plusieurs :

> — Si je[40] lui dactylographiais le texte sur du Kleenex, il pourrait se moucher dedans. Du jus de mouche ! C'est aussi écœurant que le dentier de grand-mouman dans son eau salée entre nos brosses à dents Oral B ; épi crisse que c'est toffe se mettre au travail quand une machine est pas les chars !
>
> (Elle modèle une tortue avec de la plasticine à nettoyer qui lui colle gentiment au bout des doigts, tamponne les lettres que l'encre macule, majuscules et minuscules, tord la pâte bleue, en sort une boule qu'elle lance au plafond, qui retombe sans rebondir[41]...).

Il n'arrivera donc jamais au narrateur d'assumer le langage de Mireille, dont on penserait pourtant qu'elle est sa figure, son porte-parole, puisque c'est elle, et non Thomas, qu'il entoure de ses soins monstratifs. Lorsqu'il affirme que cette dernière et son amie Mariette « bouclent leur fin de mois[42] » par des travaux de

37. *D'Amour, P.Q.*, p. 54. Autres exemples, p. 17, 19, 72.
38. *Ibid.*, p. 11, 65, 119.
39. *Ibid.*, p. 59.
40. C'est Mireille qui parle.
41. *Ibid.*, p. 15.
42. *Ibid.*, p. 11.

dactylographie, on se surprend à imaginer, dans la bouche de Mireille, ces paroles tout à fait dans la logique de ses réactions aux propos de Thomas : « Arrive en ville, baquet. T'es pas dans les Uropes, icitte. Nous aut', au Kébek, on boucle pas les fins de mois, on attend la paye, crisse, épi on fa des surplus pour payer la gomme baloune ». La vérité, c'est que ce narrateur lointain préfère Mireille mais ne peut s'empêcher de parler comme Thomas[43]. Il n'y a pas à s'en surprendre. Dans les romans de l'ère de l'écriture, les conflits qui structuraient jadis les histoires de Gabrielle Roy, de Lemelin, Hamel et Poirier, peuvent refaire surface au niveau de l'instance du discours.

*
* *

Nous nous garderons bien de faire semblant de clore la question dans ce finale qui se voulait une seconde ouverture. On se souviendra que certains jalons pour la recherche ont été posés aux termes des chapitres III et V. Au point où nous en sommes, peut-être conviendrait-il de faire état d'un petit nombre de certitudes acquises parce que vécues, éprouvées tout au long de cette entreprise[44], et que pour notre part nous serions enclin à considérer désormais comme des postulats méthodologiques pour des essais à venir, quitte

---

43. Un des indices les plus probants de ceci réside dans la fréquence très élevée, autant chez le narrateur que chez Thomas D'Amour, de la comparaison avec la conjonction « comme » suivie de substantifs avec ou sans déterminants : 110 occurrences pour 121 pages effectives de texte !

44. Et non précisément démontrables, contrairement aux propositions toujours partielles et limitées dont l'ensemble constitue le présent travail.

certes à les reviser ou même à les abandonner s'il y a lieu. Exprimons-les comme ceci :

1) Le fait de la continuité profonde de la littérature romanesque québécoise à travers le renouvellement des formes et des contenus, d'*Au pied de la pente douce* à *D'Amour, P.Q.*

2) La conviction qu'on ne peut lire l'inscription du référent sociohistorique dans le texte que par et dans la façon dont celui-ci parvient à être littéraire et à réaliser les codes qu'il signale.

3) La nécessité, fondée sur ce qui précède, de renverser la démarche sociocritique en remplaçant la sociologie du poétique par une poétique du social qui situerait les discours littéraires dans l'ensemble des autres discours sociaux.

Certes, ce ne sera pas la première fois qu'une pratique débouche sur des conclusions de portée générale. Mais cette pratique elle-même, on s'en rend compte maintenant, n'a été possible que par l'existence d'un objet relativement stable qu'elle a dévoilé progressivement tout en le constituant : appelons cet objet *le Roman de l'écrivain.* Il semble qu'il soit légitime d'y voir un type de discours (on serait enclin à parler même de « genre ») non seulement, bien entendu, à cause du nombre considérable d'occurrences mais surtout de par la nature même des traits durables observés en un grand nombre de textes échelonnés sur plus de vingt ans.

Ajoutons par ailleurs que cette pratique, qui n'a nullement hésité dans les pages précédentes à poser fréquemment les vues théoriques partielles liées aux étapes de son procès, s'est pour ainsi dire « reconnue » elle-même en cours de route. Car il apparaît à ce stade, malgré le fait que nos analyses les plus longues soient restées en deçà d'un sens social pleinement déployé, qu'il s'est agi *toujours*, si l'on y pense bien, non pas de l'idéologie *dans* le texte mais de l'idéologie *du* texte. Répétons-le sous la forme d'une règle désormais acquise : il ne faut jamais confondre l'idéologie *dans* le texte, qui présente un intérêt réel quoique limité, avec l'idéologie *du* texte. Dans le premier cas, on insiste sur le titre, l'incipit, des remarques d'ordre général (le « code culturel » de Barthes), certains présupposés, le discours du narrateur et des personnages. Dans le second cas, l'idéologie se trouve liée à la structure même du texte conçu comme ensemble, comme objet artistique : on comprendra qu'ici soient convoqués d'abord les codes esthétiques ; ils sont effectivement les plus « rapprochés » de l'œuvre et médiatisent son rapport au discours social. Ce que l'essai qu'on vient de lire a redit de multiples façons, c'est que l'idéologique n'existe pas dans le texte sous une forme idéologique mais textuelle, et que chez l'écrivain les problèmes historiques et sociaux appellent des réponses dans l'ordre du langage et de l'écriture.

INDICATIONS BIBLIOGRAPHIQUES

I. ROMANS QUÉBÉCOIS[1]

AQUIN, Hubert, *L'Antiphonaire,* Montréal, Cercle du livre de France, 1969.

— *Prochain épisode,* Montréal, Cercle du livre de France, 1965.

BEAULIEU, Victor-Lévy, *Don Quichotte de la Démanche,* Montréal, L'Aurore, 1974.

BESSETTE, Gérard, *La Bagarre,* Montréal, Cercle du livre de France, coll. Nouvelle-France, 1958.

— *Le Libraire,* Montréal et Paris, Cercle du livre de France et Julliard, 1960.

BLAIS, Marie-Claire, *Les Apparences, 3e tome des manuscrits de Pauline Archange,* Montréal, Éditions du Jour, coll. Les Romanciers du Jour, 1970.

— *Une saison dans la vie d'Emmanuel,* Montréal, Éditions du Jour, coll. Les Romanciers du Jour, 1970. (Montréal, Éd. du Jour, 1965).

BOSCO, Monique, *Un amour maladroit,* Paris, Gallimard, 1961.

CHARBONNEAU, Robert, *Aucune créature,* Montréal, Beauchemin, 1961.

— *Chronique de l'âge amer,* Montréal, Éditions du Sablier, 1967.

— *Fontile,* Montréal, L'Arbre, 1945.

— *Ils posséderont la terre,* Montréal, Fides, Bibliothèque canadienne-française, 1970. (Montréal, L'Arbre, 1941).

1. Les informations entre parenthèses concernent la première édition.

CHOQUETTE, Gilbert, *La Défaillance*, Montréal, Beauchemin, 1969.

—— *L'Interrogation*, Montréal, Beauchemin, 1962.

DUCHARME, Réjean, *Le Nez qui voque*, Paris, Gallimard, 1967.

ÉLIE, Robert, *La Fin des songes*, Montréal, Fides, Bibliothèque canadienne-française, 1968. (Montréal, Beauchemin, 1950).

GODBOUT, Jacques, *D'Amour, P.Q.*, Paris, Hurtubise HMH/ Éditions du Seuil, 1972.

—— *Salut Galarneau !*, Paris, Éditions du Seuil, 1967.

HAMEL, Charles, *Prix David*, Montréal, Éditions de l'Homme, 1962.

—— *Solitude de la chair*, Montréal, Cercle du livre de France, 1951.

HARVEY, Jean-Charles, *Les Demi-civilisés*, Montréal, Éditions de l'Homme, 1962. (Montréal, Éditions du Totem, 1934).

LANGEVIN, André, *Poussière sur la ville*, Montréal, Cercle du livre de France, s. d., 9e édition. (Montréal, Cercle du livre de France, 1953).

LEMELIN, Roger, *Au pied de la pente douce*, Montréal, Cercle du livre de France, CLF poche, 1967. (Montréal, L'Arbre, 1944).

—— *Fantaisies sur les péchés capitaux*, Montréal, Cercle du livre de France, CLF poche canadien, 1969. (Montréal, Beauchemin, 1949).

—— *Pierre le magnifique*, Montréal, Cercle du livre de France, CLF poche canadien, 1971. (Québec, Institut littéraire, 1952).

—— *Les Plouffe*, Montréal, Cercle du livre de France, CLF poche canadien, 1968. (Québec, Bélisle, 1948).

MARTIN, Claire, *Doux-amer,* Montréal, Cercle du livre de France, CLF poche, 1967. (Montréal, Cercle du livre de France, 1960).

POIRIER, Jean-Marie, *Le Prix du souvenir,* Montréal, Cercle du livre de France, 1957.

ROY, Gabrielle, *La Montagne secrète,* Montréal, Beauchemin, 1971. (Montréal, Beauchemin, 1961).

— *La Petite Poule d'eau,* Montréal, Beauchemin, 1950.

— *La Route d'Altamont,* Montréal, Éditions HMH, coll. L'Arbre, vol. 10, 1969. (Montréal, HMH, 1966).

— *Rue Deschambault,* Montréal, Beauchemin, 1971. (Montréal, Beauchemin, 1955).

SIMARD, Jean, *Mon fils pourtant heureux,* Montréal, Cercle du livre de France, 1956.

II. TEXTES GÉNÉRAUX SUR LE ROMAN QUÉBÉCOIS

A) OUVRAGES COLLECTIFS :

Histoire de la littérature française du Québec, en collaboration, sous la direction de Pierre de GRANDPRÉ, Montréal, Beauchemin, t. I, 1967 ; t. II, 1968 ; t. III, 1969 ; t. IV, 1969.

Littérature canadienne-française, Conférences J. A. de Sève, 1-10, Montréal, Presses de l'Université de Montréal, 1969.

Littérature et société canadiennes-françaises, ouvrage réalisé sous la direction de Fernand DUMONT et Jean-Charles FALARDEAU, deuxième colloque de la revue *Recherches sociographiques,* Québec, Presses de l'Université Laval, 1964.

Présence de la critique, textes choisis par Gilles MARCOTTE, Montréal, HMH, 1966.

Le Roman canadien-français, tome III des Archives des lettres canadiennes, Montréal, Fides, 1971. (Montréal, Fides, 1964).

B) NUMÉROS SPÉCIAUX DE REVUES :

Études françaises, « Petit manuel de littérature québécoise », 13/3-4, octobre 1977. (Comprend une mise à jour des instruments de travail : bibliographies, etc.).

Europe, « Littérature du Québec », n° 478-479, février-mars, 1969.

Liberté, « Roman 1960-1965 », n° 42, novembre-décembre, 1965.

C) LIVRES REGROUPANT PLUSIEURS ÉTUDES :

BESSETTE, Gérard, *Une littérature en ébullition*, Montréal, Éditions du Jour, 1968.

BROCHU, André, *L'Instance critique, 1961-1973*, Montréal, Leméac, 1974.

FALARDEAU, Jean-Charles, *Imaginaire social et littérature*, Montréal, Hurtubise HMH, coll. Reconnaissances, 1974.

— *Notre société et son roman*, Montréal, Hurtubise HMH, coll. H, 1972. (Montréal, HMH, 1967).

MARCOTTE, Gilles, *Les Bonnes rencontres, chroniques littéraires*, Montréal, Hurtubise HMH, coll. Reconnaissances, 1971.

— *Le Roman à l'imparfait, essais sur le roman québécois d'aujourd'hui*, Montréal, La Presse, coll. Échanges, 1976.

— *Une littérature qui se fait, essais critiques sur la littérature canadienne-française*, nouvelle édition augmentée, Montréal, HMH, 1968. (Montréal, HMH, 1962).

ROBIDOUX, Réjean et RENAUD, André, *Le Roman canadien-français du vingtième siècle*, Ottawa, Édition de l'Université d'Ottawa, 1966.

D) ARTICLES DE PORTÉE GÉNÉRALE :

BELLEAU, André, « Culture populaire et culture "sérieuse" dans le roman québécois », *Liberté*, n° 111, mai-juin 1977, p. 31-37.

— « La problématique présente de la littérature québécoise », *Liberté*, n° 81, 1972, p. 13-24.

BOURNEUF, Roland, « Formes littéraires et réalités sociales dans le roman québécois », *Livres et auteurs québécois 1970*, s. d., p. 265-269.

DUMONT, Fernand, « Le temps des aînés », *Études françaises*, vol. 5, n° 4, novembre 1969, p. 467-472.

MAJOR, Jean-Louis, « Pour une lecture du roman québécois », *Revue d'esthétique*, vol. 22, n° 3, juillet-septembre 1969, p. 251-261.

MARCOTTE, Gilles, « Traduit du français », *Les Lettres nouvelles*, numéro spécial, « Écrivains du Canada », déc. 1966-janv. 1967, p. 78-85.

PELLETIER, Jacques, « *La Relève* : une idéologie des années 1930 », *Voix et images du pays V*, 1972, p. 69-139.

STEIGER, Arlette, « Le roman québécois : considérations sociologiques », *Possibles*, vol. 2, n° 1, automne 1977, p. 81-102.

VACHON, Georges-André, « L'espace politique et social dans le roman québécois », *Recherches sociographiques*, vol. 7, n° 3, sept.-déc. 1966, p. 259-279.

III. AUTRES TEXTES

ALLARD, Jacques, « *D'Amour P.Q.* », *Livres et auteurs québécois 1972*, s. d., p. 73-74.

— « *Le Libraire* de Gérard Bessette ou "comment la parole vient au pays du silence" », *Voix et images du pays I*, 1970, p. 51-63.

ARCAND, Pierre-André, « Don Quichotte de la Démanche », *Livres et auteurs québécois 1974,* 1975, p. 35-38.

BELLEAU, André, « La bagarre au village », *Liberté 60,* n° 11, sept.-oct. 1960, p. 297-299.

— « *Doux-amer* », *Liberté 60,* n° 12, nov.-déc. 1960, p. 376-378.

— André, « *L'isle au dragon* », *Livres et auteurs québécois 1976,* 1977, p. 77-79.

BESSETTE, Gérard, « Mes romans et moi », *Voix et images,* vol. III, n° 3, avril 1978, p. 408-419.

DUCROCQ-POIRIER, Madeleine, *Robert Charbonneau,* Montréal, Fides, coll. Écrivains canadiens d'aujourd'hui, 1972.

GAGNÉ, Marc, *Visages de Gabrielle Roy, l'œuvre et l'écrivain,* Montréal, Beauchemin, 1973.

GAGNON, Marc, *Robert Élie,* Montréal, Fides, coll. Écrivains canadiens d'aujourd'hui, 1968.

GODBOUT, Jacques, « Le roman journal », *Liberté,* n° 115, janvier-février 1978, p. 106-113.

IQBAL, Françoise, « Précieux et préciosité chez Bessette : demi-mesure et démesure », *Voix et images,* vol. I, n° 3, avril 1976, p. 338-365.

LAZARIDES, Alexandre, « Du roman au mythe. Essai sur l'imaginaire dans *Salut Galarneau !* », *Voix et images du pays VI,* 1973, p. 65-87.

MÉNARD, Jean, « L'Interrogation de Gilbert Choquette », *Livres et auteurs canadiens 1962,* s. d., p. 10-11.

MITTERAND, Henri, « Coup de pistolet dans un concert : *Une saison dans la vie d'Emmanuel* », *Voix et images,* vol. II, n° 3, avril 1977, p. 407-417.

RICARD, François, *Gabrielle Roy,* Montréal, Fides, coll. Écrivains canadiens d'aujourd'hui, 1975.

ROBIDOUX, Réjean, « Le cycle créateur de Gérard Bessette ou le fond, c'est la forme », *Livres et auteurs québécois 1971*, s. d., p. 11-28.

— « *Prix David* de Charles Hamel », *Livres et auteurs canadiens 1962*, s. d., p. 19-20.

ROUSSEAU, Guildo, *Jean-Charles Harvey et son œuvre romanesque*, Montréal, Centre éducatif et culturel, coll. Reflets, 1969.

TÊTU, Michel, « Jacques Godbout, ou l'expression québécoise de l'américanité », *Livres et auteurs québécois 1970*, s. d., p. 270-279.

URBAS, Jeannette, « Le jeu et la guerre dans l'œuvre de Claire Martin », *Voix et images du pays VIII*, 1974, p. 133-147.

VACHON, Georges-André, « Le colonisé parle », *Études françaises*, 10/1, février 1974, p. 61-78.

VANASSE, André, « Gérard Bessette, Trois romanciers québécois », *Livres et auteurs québécois 1974*, 1975, p. 196-199.

VIGNEAULT, Robert, *Claire Martin, son œuvre, les réactions de la critique*, Montréal, Pierre Tisseyre, 1975.

IV. THÉORIE LITTÉRAIRE

A) LIVRES :

ADAM, Jean-Michel (avec la collaboration de J.-P. GOLDENSTEIN), *Linguistique et discours littéraire, théorie et pratique des textes*, Paris, Larousse, coll. L, 1976.

ADORNO, T. W., *Autour de la théorie esthétique*, Paris, Klincksieck, 1976.

AUERBACH, Erich, *Mimésis*, traduit de l'allemand par C. Heim, Paris, Gallimard, coll. Bibliothèque des idées, 1968.

BAKHTINE, Mikhaïl, *Le Marxisme et la philosophie du langage*, Paris, Minuit, 1977.

— *L'Œuvre de François Rabelais et la culture populaire au Moyen Âge et sous la Renaissance*, traduit du russe par A. Robel, Paris, Gallimard, coll. Bibliothèque des idées, 1970.

BARTHES, Roland, *S/Z*, Paris, Éd. du Seuil, coll. Tel Quel, 1970.

BENVENISTE, Émile, *Problèmes de linguistique générale 1*, Paris, Gallimard, coll. Tel, 1966.

BOUAZIS, Charles, *Littérarité et société, théorie d'un modèle du fonctionnement littéraire*, Paris, Mame, 1972.

BOURNEUF, Roland et OUELLET, Réal, *L'Univers du roman*, Paris, P.U.F., coll. SUP, Littératures modernes, 1972.

BREMOND, Claude, *Logique du récit*, Paris, Éd. du Seuil, coll. Poétique, 1973.

BROCHU, André, *Hugo, Amour/Crime/Révolution*, Montréal, Presses de l'Université de Montréal, 1974.

BUTOR, Michel, *Essais sur le roman*, Paris, Gallimard, coll. Idées, 1964.

CHARBONNEAU, Robert, *Connaissance du personnage*, Montréal, L'Arbre, 1944.

CHARLES, Michel, *Rhétorique de la lecture*, Paris, Éd. du Seuil, coll. Poétique, 1977.

DÄLLENBACH, Lucien, *Le Récit spéculaire, essai sur la mise en abyme*, Paris, Éd. du Seuil, coll. Poétique, 1977.

DELFAU, Gérard et ROCHE, Anne, *Histoire/Littérature, histoire et interprétation du fait littéraire*, Paris, Éd. du Seuil, coll. Pierres vives, 1977.

ECO, Umberto, *La Structure absente, introduction à la recherche sémiotique*, traduit de l'italien par U. Esposito-Torrigiani, Paris, Mercure de France, 1972.

GENETTE, Gérard, *Figures II, essais*, Paris, Éd. du Seuil, coll. Tel Quel, 1969.

— *Figures III,* Paris, Éd. du Seuil, coll. Poétique, 1972. (Contient « Discours du récit »).

GOLDMANN, Lucien, *Le Dieu caché,* Paris, Gallimard, Bibliothèque des idées, 1959.

GREIMAS, A. J., *Sémantique structurale,* Paris, Larousse, coll. Langue et langage, 1966.

GRIVEL, Charles, *Production de l'intérêt romanesque,* La Haye et Paris, Mouton, 1973.

JAMESON, Frederic, *Marxism and Form,* Princeton, Princeton University Press, 1971.

JEAN, Georges, *Le Roman,* Paris, Éd. du Seuil, coll. Peuple et culture, 1971.

LEFEBVRE, Maurice-Jean, *Structure du discours de la poésie et du récit,* Neuchatel, Éd. de la Baconnière, coll. Langages, 1971.

LEJEUNE, Philippe, *Le Pacte autobiographique,* Paris, Éd. du Seuil, coll. Poétique, 1975.

LOTMAN, Iouri, *La Structure du texte artistique,* traduit du russe, Paris, Gallimard, coll. Bibliothèque des sciences humaines, 1973.

LUKÁCS, Georges, *La Théorie du roman,* traduit de l'allemand par Jean Clairevoye, Éd. Gonthier, Bibliothèque médiations, 1963.

MARCEAU, Félicien, *Le Roman en liberté,* Paris, Gallimard, 1978.

RICARDOU, Jean, *Problèmes du nouveau roman,* Paris, Éd. du Seuil, 1967.

ROBERT, Marthe, *Roman des origines et origines du roman,* Paris, Grasset, 1972.

ROUSSET, Jean, *Narcisse romancier, essai sur la première personne dans le roman,* Paris, José Corti, 1973.

SAMMONS, Jeffrey L., *Literary Sociology and Practical Criticism,* Bloomington, Indiana University Press, 1977.

SERRES, Michel, *Feux et signaux de brume, Zola,* Paris, Grasset, coll. Figures, 1975.

SPITZER, Léo, *Études de style,* traduit de l'anglais et de l'allemand, Paris, Gallimard, coll. Bibliothèque des idées, 1970.

STAROBINSKI, Jean, *La Relation critique,* Paris, Gallimard, coll. Le Chemin, 1970.

TODOROV, Tzvetan, *Poétique de la prose,* Paris, Éd. du Seuil, 1971.

— *Qu'est-ce que le structuralisme ? 2. Poétique,* Paris, Éd. du Seuil, coll. Points, 1968.

VAN ROSSUM-GUYON, Françoise, *Critique du roman,* Paris, Gallimard, Bibliothèque des idées, 1970.

ZÉRAFFA, Michel, *Personne et personnage,* Paris, Éd. Klincksieck, 1971.

— *La Révolution romanesque,* Paris, Éd. Klincksieck, 10/18, 1969.

— *Roman et société,* Paris, P.U.F., coll. SUP, Le sociologue, 1971.

ZIMA, Pierre V., *Pour une sociologie du texte littéraire,* Paris, 10/18, n° 1238, 1978.

B) ARTICLES ET CONTRIBUTIONS DIVERSES :

BARTHES, Roland, « L'effet de réel », *Communications,* n° 11, 1968, p. 84-89.

— « Éléments de sémiologie », *Communications,* n° 4, 1964, p. 91-135.

— « Introduction à l'analyse structurale des récits », *Communications,* n° 8, 1966, p. 1-27.

BELLEAU, André, « Conditions d'une sociocritique », *Liberté*, n° 111, mai-juin 1977, p. 111-117

— « Le décrochage des signes : Rabelais comme lieu linguistique pluriel », *Liberté*, n° 115, janvier-février 1978, Actes du Colloque de l'Institut d'études médiévales de l'Université de Montréal sur « Les commencements de la langue française », 12 et 13 avril 1975, p. 68-82.

BENVENISTE, Émile, « L'appareil formel de l'énonciation », *Langages*, n° 17, mars 1970, p. 12-18.

BOOTH, Wayne C., « Distance et point de vue », traduit de l'anglais, *Poétique*, n° 4, 1970, p. 511-524.

BREMOND, Claude, « Le rôle d'influenceur », *Communications*, n° 16, 1970, p. 60-69.

DUBOIS, Jacques, « Code, texte, métatexte », *Littérature*, n° 12, décembre 1973, p. 3-11.

DUBOIS, Jean, « Énoncé et énonciation », *Langages*, n° 13, mars 1969, p. 100-110.

DUCHET, Claude, « Pour une socio-critique, ou variations sur un incipit », *Littérature*, n° 1, février 1971, p. 5-14.

— « Une écriture de la socialité », *Poétique*, n° 16, 1973, p. 446-455.

GAILLARD, Françoise, « Code(s) littéraire(s) et idéologie », *Littérature*, n° 12, décembre 1973, p. 21-36.

HAMON, Philippe, « Analyse du récit, éléments pour un lexique », Documents de travail et pré-publications, Centro internazionale de semiotica et di linguistica, Université d'Urbin, n° 34, mai 1974, Série B.

— « Pour un statut sémiologique du personnage », *Littérature*, n° 6, mai 1972, p. 86-111.

— « Un discours contraint », *Poétique*, n° 16, 1973, p. 411-445.

KAYSER, Wolfgang, « Qui raconte le roman ? », *Poétique*, n° 4, 1970, p. 498-510.

KUENTZ, Pierre, « Parole/discours », *Langue française*, n° 15, septembre 1972, p. 18-28.

TODOROV, Tzvetan, « Les catégories du récit narratif », *Communications*, n° 8, 1966, p. 125-152.

VAN ROSSUM-GUYON, Françoise, « Point de vue ou perspective narrative », *Poétique*, n° 4, 1970, p. 476-497.

TABLE DES MATIÈRES

DANS LA MÊME COLLECTION

BROCHU, André, *Hugo. Amour/Crime/Révolution. Essai sur* les Misérables

La collection Visées critiques regroupe des rééditions d'études marquantes dans l'histoire de la critique québécoise. Tout en éclairant une question, l'œuvre d'un auteur ou un corpus plus étendu, les livres de cette collection illustrent la diversité des approches du phénomène littéraire.

ACHEVÉ D'IMPRIMER
CHEZ AGMV
MARQUIS
IMPRIMEUR INC.
CAP-SAINT-IGNACE (QUÉBEC)
EN OCTOBRE 1999
POUR LE COMPTE DES ÉDITIONS NOTA BENE

Dépôt légal, 4e trimestre 1999
Bibliothèque nationale du Québec

Le migrant choisit de dire
le migrant souvent, par
un redoublement du je de

Anthropologie de la juridiction
de l'imaginaire

Quel écrivain
pour quel texte ?